스무살, 절대 지지 않기를…

스무살, 절대 지지 않기를…

초판 1쇄 발행 2011년 2월 10일
초판 18쇄 발행 2011년 4월 18일

지은이 이지성 **발행인** 최봉수 **총편집인** 이수미 **사업단장** 박성인
편집인 이홍 **편집주간** 이선화 **편집장** 최서윤 · 박희연
논픽션팀 팀장 · 책임편집 한성수 **편집보조** 조서연
제작 한동수 **마케팅** 박창흠 이영인 김남연 김도현 이은미

발행처 (주)웅진씽크빅 **출판신고** 1980년 3월 29일 제406-2007-00046호
임프린트 리더스북그룹 **주소** 서울시 종로구 동숭동 199-16 웅진빌딩
주문전화 02-3670-1570~1 **팩스** 02-747-1239
문의전화 02-3670-1134(편집) 02-3670-1017(영업)
홈페이지 http://www.wjbooks.co.kr

ⓒ 2011 이지성, 저작권자와 맺은 특약에 따라 검인을 생략합니다.
ISBN 978-89-01-11715-7 03810

리더스북그룹은 리더스북과 웅진윙스 브랜드를 포함한
(주)웅진씽크빅 단행본개발본부의 임프린트입니다.
이 책은 저작권법에 따라 보호받는 저작물이므로 무단전재와 복제를 금지하며,
이 책 내용의 전부 또는 일부를 사용하려면 반드시 저작권자와
(주)웅진씽크빅의 서면동의를 받아야 합니다.
이 도서의 국립중앙도서관 출판시도서목록(CIP)은
e-CIP 홈페이지(http://www.nl.go.kr/ecip)에서 이용하실 수 있습니다.
(CIP제어번호 : CIP2011000310)

* 책값은 뒤표지에 있습니다.
* 잘못된 책은 구입하신 곳에서 바꾸어드립니다.

빛나는 20대, 너의 눈부신 꿈을 이루기 위한 청춘지침서

스무살, 절대지지않기를…

Girls, Become to Queen

| 이지성 지음 |

리더스북

지금부터 내가 하는 이야기를 편하게 들어주었으면 좋겠어.
햇살 좋은 어느 토요일 오후, 전화기도 꺼놓고 나만의 산책을 즐기다가
우연히 만난 아는 오빠에게 들은 나를 돌아보게 하는 이야기?
물론 내용이 좀 세긴 하지만, 그래도 그 정도가 딱 좋겠어.

Opening |
내 꿈을 이루어준 네게

 스무 살 삼월, 어느 날이 떠올라. 난 그날 집 근처 공원 언덕에 앉아 있었어.
 노을이 참 아름답게 지고 있었어. 그런데 그 노을이 내 눈엔 참 서글프게 보이더라. 너무너무 슬프게만 보이더라.
 난 근처 슈퍼에서 구입한 캔맥주를 따서 입에 털어 넣었어. 태어나서 처음으로 사 본 술이었어.
 술은 매우 썼어. 결국 절반도 마시지 못하고 캔을 던져 버리

고 말았지.

난 자리에서 일어나서 하늘을 향해 선언했어. 내 가슴속에서 솟아오르는 꿈을 사는 사람이 되겠다고.

다음 날부터 작가의 길을 걷기 시작했어.

처음엔 사람들이 칭찬해 주더라. 멋지다고, 독특하다고, 개성 있다고. 하지만 내가 학교공부는 내팽개치고 글만 쓰니까 이런 말을 하기 시작하더군.

"걔, 진짜 이상한 것 같아!"

급기야는 이런 말까지 들었어.

"미친 새끼!"

가족도, 친구도, 선배도, 교수도 내 꿈을 인정해 주지 않았어. 아니 무시하고 비난하고 비웃고 짓밟기 바빴어. 난 말라죽을 것만 같았어. 그렇게 14년 7개월을 보냈어.

어느 날 난 기적을 보았어. 내 책이 베스트셀러 1위에 올라 있는 광경을 목격했거든. 지금 내 책은 미국, 중국, 일본, 대만, 베트남 등에서 번역 출간되고 있어. 내 자랑을 하려는 게 아니야. 난 고맙다는 말을 하고 싶은 거야. 네게.

『여자라면 힐러리처럼』. 내가 쓴 열다섯 번째 책이자 첫 베스트셀러야. 지금까지 30만 명 넘는 사람이 읽었는데, 90퍼센트가 20대 여자야. 『꿈꾸는 다락방』을 비롯한 다른 베스트셀러도 20대 여성 독자가 압도적으로 많아. 쉽게 말해서 내 꿈을 이루어 준 사람은 바로 너란 이야기야. 그래서 고맙고 감사해.

30대 후반인데, 아직 솔로라 그런지, 내 주변의 많은 20대 여자 아이들이 나를 오빠라 불러. 너무 고마운 일이긴 한데 그 심리가 잘 이해가 되지 않아서 여러 명에게 물어봤어.

"너, 내가 만만해서 작가님이라고 안 부르고 오빠라고 부르는 거지?"라고.

가장 많은 대답이 이거였어.

"그냥 그게 편해서요."

명답이라고 생각해.

지금부터 내가 하는 이야기를 편하게 들어주었으면 좋겠어. 햇살 좋은 어느 토요일 오후, 전화기도 꺼놓고 나만의 산책을 즐기다가 우연히 만난 아는 오빠에게 들은 나를 돌아보게 하는 이야기? 물론 내용이 좀 세긴 하지만, 그래도 그 정도가 딱 좋겠어.

그럼 시작해 볼까?

Contents

Opening | 내 꿈을 이루어준 네게 · 6
Prologue | 믿은 만큼 성공한 네 사람의 이야기 · 15

Chapter One 스무 살, 절대 지지 않기를

:: 이십 원이 내게 준 선물 · 24
:: 생존을 위해 지금 당장 해야 할 일 · 28
:: 지금 당장 뿌리 뽑아야 할 4가지 사고방식 · 30
:: 서른 이후를 생각하라 · 33
:: 여자가 알아야 할 남자에 관한 진실 · 37
:: 하루 열 번만 미래를 생각하라 · 44
:: 네가 맞서야 할 진짜 경쟁자 · 44
:: 세월을 이길 수 있는 유일한 방법 · 45
:: 명품녀가 되는 법 · 49
:: 압구정동, 청담동, 신사동에는 세 부류의 여자가 있다 · 52
:: '텐프로'의 진실-미인이 아니어서 불행한 거라고? · 56
:: 어느 공주님의 새드 엔딩 스토리 · 58
:: 한국이 바뀌기를 기대하지 마 · 63
:: 별 · 65
:: 빌 게이츠가 세계 최고가 될 수 있었던 비밀 · 68

Chapter Two 네가 가는 곳이 길이다

:: 빛나는 미인의 빛바랜 그림자 · 72

:: 그녀, 진실의 증거 · 92
:: 학점과 영어성적에 연연하지 마 · 98
:: 재클린과 힐러리가 최고의 여성이 될 수 있었던 진짜 이유 · 101
:: 미모로 승부하려는 네게 · 103
:: 능력 있는 남자는 동아줄이 아니다 · 105
:: 재벌가에 시집가고 싶다고? · 111
:: 신데렐라의 진짜 결말 · 113
:: 20대가 저지르면 안 될 가장 큰 죄악 · 118
:: 20대를 건너는 법 · 119
:: 인생에서 각오가 주는 의미 · 121
:: 이제 스타트 라인에 선 네게 · 124

Chapter Three **지름길이 아니더라도**

:: 내일은 오늘보다 덜 춥겠습니다 · 128
:: 네가 만날 진짜 현실 · 131
:: 네 가슴속에 흐르는 피가 뜨거운 이유 · 135
:: 너 자신이 희망이다 · 137
:: 내 나이 스물다섯의 이야기 · 140
:: 우연히 사고방식 vs 선택의 사고방식 · 143
:: 대한민국 20대, 네게 거는 희망 · 147
:: 20대가 무시당하지 않는 방법 · 151
:: 이제 세상을 클릭해 봐 · 155
:: 네 인생의 멘토 · 160

:: 가슴이 시키는 일을 하라 · 163
:: 질문하는 자는 답을 피할 수 없다 · 166

Chapter Four 인생에서 진짜 배워야 할 것

:: 기적을 이루는 법 · 170
:: 내 가슴속 꿈이 진짜 현실이다 · 173
:: 날기 위해서는 - 달팽이에게서 배운 진실 · 175
:: 단 1센티미터라도 전진하기를 · 178
:: 네가 인간이라는 증거, 우울증 · 179
:: 미칠 듯 암담하다면 · 181
:: 매일 처절하게 실패하라 · 184
:: 꿈을 가진 사람에게 · 185
:: 가슴이 가리키는 길을 가라 · 189
:: 네가 만나야 할 또 다른 너 · 193
:: 생각한대로 살지 않으면 사는 대로 생각하게 된다 · 195
:: 사람다운 삶 · 196

Chapter Five 기대기보다 기대되는 여자가 돼라

:: 술에 취해 거리를 헤매는 네게 · 200
:: 20대만의 특권 · 202
:: 15년 뒤의 네 모습 · 203

:: 자기계발 없이는 재테크도 성공 못한다 · 207
:: 정말로 변화를 꿈꾼다면 · 210
:: 사고방식부터 바꾸어라 · 220
:: 성공한 여자들의 한 가지 공통점 · 224
:: 교과서, 영어책보다 치열하게 봐야 할 것 · 226
:: 진실로 되고 싶을 때 정말 된다 · 233
:: 지금 당장 해야 하는 말 · 234
:: 나눌 수 없는 것들로 아파하는 누군가에게 · 237
:: 세상의 규칙 · 239

Chapter Six 꿈에서도 꿈을 꿔라

:: 남자친구와 헤어진 네게 - 이별에 대처하는 법 · 242
:: 모든 헤어짐엔 이유가 있다 · 243
:: 아름답지 못한 한국의 시스템에 대처하는 법 · 246
:: 네 남은 인생의 첫 순간 · 249
:: 내가 20대에 친구 대신 얻은 것 · 249
:: 절대로 지지 않기를 · 255
:: 지옥 같은 곳을 지나가고 있다면 · 257
:: 세상에 단 하나뿐인 너를 위한 글 · 258
:: 내 나이 앞에 숫자 '2'가 붙었던 시절 · 263

Closing | 비 온 뒤 하늘이 더 맑다 · 266
Thanks to · 270

Prologue |
믿은 만큼 성공한 네 사람의 이야기

이야기 하나. 네 꿈이 연예인인데, 본명이 신혜교라고 가정해 볼까? 나름대로 혹독한 무명시절을 거쳐서 드디어 TV 드라마에 주인공으로 데뷔하게 되었다고 해. 그런데 PD가 너를 불러서 이렇게 말하는 거야.

"송혜교 때문에 안 되겠어. 시청자들이 네 이름을 들으면 송혜교를 떠올릴 가능성이 높아. 이름을 바꾸자. 신수정, 신하영, 신혜린, 뭐든 좋아. 신혜교만 피하자고."

오래전 할리우드에서도 비슷한 일이 있었어. 한 신인 여배우가 영화 데뷔를 앞두고 있었는데, 영화사 사장이 불러서 이렇게 말했거든.

"캐서린 햅번 때문에 안 되겠어. 자네도 봤지? 그녀의 그 강렬하고 섬뜩하기까지 한 팜므파탈 연기 말이야. 덕분에 지금 온 세상이 햅번 신드롬으로 몸살을 앓을 지경이야. 오드리 햅번, 참 좋은 이름이지만 캐서린 햅번과 부딪히면 승산이 없어. 방법은 하나뿐이야. 자네 이름을 바꿔야겠어."

오드리 햅번은 아주 쿨하게 대답했어.

"나는 나, 오드리 햅번이에요. 난 내 이름 그대로 세상에 나갈 거예요. 그리고 크게 사랑받을 거예요. 다른 선택은 없어요!"

할리우드 역사상 아카데미상을 4번이나 수상한 여자 배우는 캐서린 햅번이 유일하다고 해. 오드리 햅번은 그 위대한 여배우 앞에서 전혀 위축되지 않았어. 변함 없이 자신을 믿었어. 난 생각해. 우리가 아는 오드리 햅번을 만든 것은 시대도 감독도 관객도 아니라 그녀 자신이었다고.

넌 네 자신을 얼마만큼 믿고 있니? 네 믿음의 크기만큼 넌 세상에서 성공하게 될 거야. 기왕 자신을 믿으려면 완벽하게 믿어 보라고. 손해 볼 것은 아무것도 없으니까.

이야기 둘. 1953년에 있었던 일이야. 일흔한 살 먹은 한 할머니가 침대에서 일어나면서 혼잣말을 했어.

"벌써 15년째야. 이젠 쉬는 게 지겨워. 언제까지 이렇게 살 수는 없어. 내게는 새로운 도전이 필요해. 뜨겁게 아주 뜨겁게 살고 싶어. 실패 따윈 두렵지 않아. 아니 차라리 실패가 훨씬 나아. 지금처럼 미지근하게 사는 것보다는."

놀랍게도 그녀는 지상 최고의 화려한 세계를 향해 돌진했어. 파리 패션가라는. 그녀는 130여 점에 달하는 새로운 옷을 디자인했고, 이듬해인 1954년 2월 5일 대대적인 패션쇼를 열었어. 안타깝게도 그녀의 도전은 실패로 돌아갔어. 그녀의 작품을 본 파리 사교계의 명사들은 당혹스런 반응을 보였고, 기자들은 패션지에 악평을 써댔거든. 하지만 그녀는 전혀 기가 꺾이지 않았어. 오히려 전보다 더 뜨겁게 불타올랐어. 그녀는 다시 새로운 작품을 준비했고, 이번엔 뉴욕 패션가에 도전했어. 그리고 대성공을 거두었어. 그녀의 이름은 코코 샤넬이야.

네 나이 때 코코 샤넬은 어떻게 살았을까? 난 말이야. 네가 20대의 코코 샤넬보다 딱 1도만 더 뜨겁게 살았으면 좋겠어. 그럼 넌 무엇이든지 다 이룰 수 있을 거야. 기억해. 미지근한 삶은 언제나 후회를 남기지만 뜨거운 삶은 최소한 후회 따윈 남기지 않는다는 사실을.

이야기 셋. 존 보이트는 오스카상을 수상한 유명 배우야. 할리우드 최고의 연기파 배우이기도 하지. 그에게는 딸이 하나 있어. 그녀는 아버지 덕분에 아주 쉽게 영화배우로 데뷔할 수 있었어. 하지만 이내 그 방식이 옳지 않다는 사실을 깨달았어. 자기 자신을 영원히 아버지 그늘 아래 두는 어리석은 선택이었다는 것을 알게 된 거지.

그녀는 자신의 깨달음을 실천에 옮겼어. 그녀는 자신의 이름에서 아버지의 성을 버렸어. 그녀의 이름은 '안젤리나 졸리 보이트'에서 '안젤리나 졸리'로 바뀌었지. 우리 모두가 잘 알고 있는 '안젤리나 졸리'의 성공은 바로 그때부터 시작됐어.[1]

네가 지금 마음속에서 버려야 할 것은 뭘까? 너로 하여금 네 자신의 힘으로 서게 만들지 못하는 유혹적이거나 강압적인 그 무엇 말이야. 어쩌면 그것은 아버지일 수도 있고 어머니일 수도 있지. 아니 어쩌면 남자친구일 수도 있어. 네게 참으로 큰 의지가 되는, 하지만 너로 하여금 진정한 너 자신이지 못하게 만드는 그 무엇을 한 번 생각해 봐. 그걸 버리렴. 과감하게. 냉정하

---

[1] 『안젤리나 졸리 세 가지 열정』, 로나 머서 지음, 전은지 옮김, 글담(핸디북).

게. 단호하게.

인간관계를 끊으라는 의미가 아니야. 관계는 지금보다 더 조화롭고 아름답게 가꿔 나가야 해.

난 네게 누군가에게 의지하려는 마음을 버리라는 거야. 너보다 나이가 많은 사람의 의견에 맞춰서 사는 그런 삶의 방식을 변화시키라는 거야. 그렇게 했을 때 넌 안젤리나 졸리가 만난 새롭고 높고 경이로운 어떤 세계를 만날 수 있을 거야.

이야기 넷. 친구에게 핵무기를 컨트롤할 수 있을 정도의 거대한 권력을 가진 남자를 만나고 싶다고 말하던 여자가 있었어. 모델 세계에서 은퇴하고 가수로 활동하던 그녀에게 어느 날 운명처럼 기회가 왔어. 한 만찬장에서 핵무기 발사 권한을 가진 최고 권력자를 만나게 되었거든. 그녀는 우연을 필연으로 만드는 법을 잘 알고 있었던 것 같아.

"저기, 자동차 가지고 오셨죠?"

화려하고 시끄러운 만찬이 끝을 맺기 바로 직전 그녀는 그에게 다가가 불쑥 이렇게 물었어. 남자는 일순 당황했지만 이내 신사답게 행동했어. 그는 자신의 자동차로 그녀를 바래다 주었지. 차에서 내리기 직전, 그녀는 다시 한 번 어떤 의지를 발휘

했어.

"여기까지 오셨으니 커피 한 잔 대접할게요."

하지만 남자는 정중하게 거절했어. 그녀가 어떻게 했을까? 포기했을까? 아니야. 그녀는 웃으면서 그에게 자신의 전화번호를 건넸어. 마치 소년을 다루는 어른처럼.

다음 날부터 그녀의 전화기에는 그의 문자 메시지가 쏟아지기 시작했어. 그리고 오래지 않아 두 사람은 결혼했어. 그녀의 이름은 카를라 브루니야.[2]

난 네게 카를라 브루니처럼 남자를 잡으라는 식의 이야기를 하고 싶지는 않아. 사랑의 방식은 사람마다 다르고, 그 모든 방식은 마땅히 존중받아야 한다고 믿기 때문이야.

난 네게 카를라 브루니의 열정과 태도를 본받으라고 말하고 싶어. 그녀의 삶을 보면 그녀는 무슨 초능력자 같아. 톱 모델로 성공하고, 가수로 성공하고, 세계 최고의 남자를 두루 사귀다가 마지막엔 프랑스 대통령과 결혼하고, 영부인이 돼서는 프랑스 외교의 격을 한 차원 높였다는 평가까지 받았거든. 내가 보기에 그녀의 성공비결은 갖기로 결심한 것은 가질 때까지 포기하지

---

[2] 『카를라 브루니』, 키아라 제미올리 지음, 강현주 옮김, 디자인 이음.

않는 열정과 그 열정을 노련하게 표현하는 태도인 것 같아.

만일 네가 간절히 원하는 무엇을 아직 갖지 못했다면 카를라 브루니처럼 행동하면 어떨까? 네게 그것을 취할 자격이 충분하다고 믿고서 당당하게 도전하고, 만일 그 도전을 거부당하면 오히려 싱긋 웃으면서 다시 즐겁게 도전하는 그런 열정과 태도를 가지면 어떨까? 아마도 그럼 넌 30대에 세상의 꼭대기에 서 있겠지? 네가 꿈꾸던 바로 그 존재가 돼서.

별이
사람 크기만 한 별이
지구로 떨어지면
힘들겠지?
하늘의 기억 때문에.
네가 힘든 것은
바로 그런 이유 때문일 거야.
이 지구에서
네가 끊임없이 힘든 것은.
네가
인간의 경험을 하고 있는
별이기 때문일 거야.

Chapter One 스무살, 절대지지 않기를

이십원이
내게 준 선물

난 약 9년 동안 성남시 빈민가에서 살았어. 그때 내 직업은 초등학교 선생님이었어.

모두가 부러워하는 직업을 가지고 있으면서도 왜 빈민가에 살았냐고? 우리 집이 IMF 때 폭삭 망해 버렸거든. 비록 지방이지만 제법 잘사는 축에 속했는데, 망하는 거 한순간이더라고.

초등교사 2년차였던 스물여덟 살 때 처음으로 자취방이라는 걸 얻었어. 보증금 300만 원에 월세 17만 원짜리였는데, 몇 년 전에 우리 가족이 살았던 대형 아파트 화장실보다 조금 크더군. 난생 처음 마주한 가난이었다고나 할까. 그땐 기가 막히는 것 같았어. 낼모레 서른인데, 교육공무원인데, 이런 방에서 살게 되다니 하고 말이야. 하지만 어쩌겠어. 힘이 없는데, 그렇게 살아야지.

초등학교 선생님을 했던 약 7년 동안 월급을 써 본 기억이 거의 없어. 전부 가족의 생활비로 보내야 했거든. 놀랍게도 난 단돈 이십 원으로 보름 가까이 지낸 적도 있어. 그 달에 월급이 적게 나왔어. 아마도 2월이었던 것으로 기억하는데 100만 원도 안 나왔을 거야. 그거 집에 보내고 나니까 진짜 돈이 한 푼도 없는 거야. 그래도 설마 몇 천 원이라도 있겠지 하고 중고 냉장고 밑도 뒤져 보고 장판도 까 보았는데 웬걸 백 원짜리나 오백 원짜리는 하나도 없고 달랑 십 원짜리 두 개 있더라고. 그래도 돈이 있는 게 어디냐 싶어서 창틀에 끼워 놓고 위안을 삼았던 기억이 나.

빈민가에서 살다 보니 동네에 폐지를 줍는 일로 생계를 유지하는 할머니들이 있었어. 어느 날 난 한 할머니에게 물었어. 하루에 얼마를 버느냐고. 충격적인 대답이 돌아오더군. "보통 삼사천 원 정도 번다. 재수 좋은 날은 오천 원 정도 번다."라는.

할머니에겐 자녀가 세 명이나 있어. 다들 결혼했고 직업도 있지. 하지만 엄마를 도와줄 형편은 못된다고 해. 다들 입에 풀칠하는 수준이래. 그렇게 다들 먹고살기 힘들다 보니 이젠 서로 왕래조차 없다고 해.

할머니의 이야기를 듣고 나니 머리가 터질 것 같았어. 꼭 우리 집의 미래를 보는 것 같았거든. 그러니까 놀고 싶은 마음, 대충 살고 싶은 마음, 핑계 대고 싶은 마음 같은 것이 순식간에 사라져 버리더군. 마치 난 철인이 된 것 같았어. 아니 철인이 되어야겠더라고. 내 앞에 놓인 가난이라는 벽, 절망이라는 벽을 부숴 버리려면 내 주먹이 아니 내 온몸이 강철이 되지 않으면 안

될 테니까.

그때 난 결심했어. 세계적인 베스트셀러 작가가 되겠다고. 그러면 우리 부모님이 비참한 노년을 맞이하는 일은 영원히 없을 테니까. 그리고 더 나아가 20대에 TV 볼 것 다 보고, 여행 가고 싶은 곳 다 가고, 만나고 싶은 친구 다 만나다가 30대부터는 제 입에 풀칠하기조차 힘든 삶을 사는 그런 자녀 때문에 고통스런 노년을 보낼 또 다른 부모님들을 돌봐줄 수도 있을 테니까.

내 주변의 20대와 전혀 다른 삶을 살기로 마음을 정하니까 놀랍게도 내 안에서 어떤 능력 같은 것이 생겼어. 일례로 20대 중반까지만 해도 나는 하루에 잠을 아홉 시간에서 열 시간 정도는 자야 되는 스타일이었어. 여덟 시간 미만으로 잠을 자면 다음 날 하루 종일 몸이 피곤하고 무기력한, 그런 증세가 나타날 정도였어. 그러던 내가 20대 후반에는 하루에 세 시간만 자도 몸이 거뜬한 아니 오히려 더 상쾌한 사람으로 변했어. 정신의 힘이란 정말 대단한 거였어. 그것은 내 몸조차도 변화시켜 버리는 것이었어. 덕분에 난 미친 듯이 책을 읽고 글을 쓸 수 있었고, 오래지 않아 내 꿈을 이룰 수 있었지.

난 너도 그런 경험을 해보길 바래. 사랑하는 사람들을 위해서 불가능해 보이는 꿈에 도전하고 그것을 이루는 경험 말이야.

생존을 위해
지금 당장 해야 할 일

평균수명 100세 시대가 도래했다는 이야기 들어 보았을 거야.

"그때 넌 무슨 생각을 했니?"라고 많은 20대에게 물어보았더니 "나와는 별 상관없는 이야기라고 생각해서 별 의미를 두지 않았다."라는 대답이 압도적이더군.

그래, 맞는 말이야. 서른 살이 된 내 모습도 잘 떠오르지 않는데 백 살이라니, 그건 좀 4차원적인 이야기일 수 있지.

그런데 말이야. 네 부모님에게는 어떨까?

노후설계 전문가들은 이구동성으로 말하고 있어. 예순 살에 은퇴한 부부가 100세까지 품위 있는 노년을 보내려면 약 30억 원의 은퇴자금이 필요하다고.

도시 빈민 생활비 수준인 월 60만 원으로 계산해 볼까? 두 분이니까 매달 120만 원, 1년 1440만 원, 10년 1억 4400만 원이 나오는군. 그럼 네 부모님이 예순 살부터 백 살까지 도시 빈민 수준의 삶을 살려면 5억 7600만 원이 필요하군.

단도직입적으로 물어 볼게.

네 집에 최저 5억 원에서 최고 30억 원의 예금이 들어 있는 통장이 있니? 네 부모님이 예순 살이 될 때까지 절대로 손대지 않을 순수한 노후자금 말이야.

대기업 임원으로, 은행 임원으로, 교장 선생님으로, 공무원으로 일하다가 퇴직하고 몇 년 만에 노후자금을 다 소비하고 아파트 경비원이나 주유소 주유원 등으로 일하는 노인의 이야기는 신문 뉴스에서나 찾아볼 수 있는 그런 이야기가 아냐.

그건 바로 네 부모님 이야기야.

4, 50대까지는 중산층이다가 예순 살 이후로 급작스럽게 빈민으로 전락하는 노인이 생기는 근본적인 이유가 뭔지 아니?

못난 자식 뒷바라지하다가 그렇게 되는 거야. 20대에도 10대처럼 사는 자식에게 바보처럼 다 퍼주다가 그렇게 되는 거야.

네게 부모님을 진정으로 위하는 마음이 조금이라도 있다면, 이제까지와는 완벽하게 다른 삶을 선택해야 해. 네가 속한 분야에서 최고가 되는 것은 기본이야. 우리나라에서 최고가 되고 이어 세계에서 최고가 되는 그런 삶으로 나가야 해. 그리고 네 20대의 10년 전부를 그 삶을 위해 쏟아 부어야 해. 아니 평생을 그렇게 살아야 해. 대학 다닐 때는 스펙에 목매달고, 취직해서는 회사 일에 치여 사는 것, 사실 굉장히 안일한 삶이야. 그런 삶을 대부분의 사람들이 살고 있어. 그리고 그 대부분의 사람들은 냉혹한 자본주의의 희생양으로 전락하는 게 일반적이야. 때문에 넌 그런 삶을 살 생각일랑 지금 네 안에서 뿌리 째 뽑아 버려야 해.

치열하게 사는 거, 남다르게 사는 거, 거대한 꿈을 갖고 사는 거, 성공에 미친 사람에게나 해당되는 이야기가 아니야.

네 부모님의 노년을 생각해 봐. 그거 너희 집의 생존을 위한 거야.

지금 당장 뿌리 뽑아야 할 4가지 사고방식

많은 20대가 10대 시절의 사고방식으로 살아가고 있어. 그 결과 10대처럼 살고 있어. 난 10대의 사고방식이란 대표적으로 다음과 같은 것이라고 생각해.

― 부모님이나 교수님 또는 친구의 기대에 맞춰서 살려고 함.
― 나와 비슷하게 살고 있는 무리 속에 묻혀서 적당히 열심히, 적당히 사교적으로, 모나지 않게 살고자 함.

― 고등학교 공부의 또 다른 형태에 불과한 스펙을 쌓는 것 말고는 달리 하는 공부가 없음.
― 생활에 필요한 돈을 부모로부터 공급받는 걸 당연하게 생각함.

아인슈타인은 말했어.
"어제와 똑같이 살면서 다른 미래를 기대하는 것은 정신병 초기 증세이다."
만일 네가 10대 시절의 사고방식에서 아직 벗어나지 못했다면 넌 10대 때처럼 살고 있을 테고, 10대 때처럼 인간관계를 맺고 있을 거야.
나는 단언하고 싶어. 만일 네가 10대 시절의 사고방식, 행동방식, 인간관계를 반복하고 있으면서 언젠가는 대단한 사람이 될 거라고 생각하고 있다면 그건 정신병 초기 증세라고.
20대라면, 20대처럼 살길 바래. 부모님, 교수님, 친구에게 강렬한 도전을 던져 주는 그런 생각을 하고, 그런 말을 하고, 그런 행동을 하길 바래. 너는 비교도 되지 않을 엄청난 삶을 살고 있는 성공자들의 세계로 뛰어들어 그들로부터 온몸이 바들바들 떨릴 정도로 무시도 받아 보고, 자극도 받아 보길 바래. 그리고 그들과 어깨를 나란히 하면서 치열하게 경쟁하길 바래.

최고의 스펙은 기본이야. 그것은 아무것도 아니야. 네가 진짜로 쌓아야 하는 것은 스펙이 아니라 사회의 핵核으로 활동하고 있는 사람들이 가진 내공이야.

그리고 가족의 생계를 책임지는 사람이 되라구. 20대에 그 정도도 못하는 사람은 30대에 아무것도 못할 가능성이 크니까.

기껏해야 어설픈 회사를 다니다가 마흔이 되기 전에 해고나 당하고 말겠지.

명심해. 20대에 사랑하는 가족을 책임질 수 있는 능력을 갖춘 사람만이 30대에 사회의 약자들을 든든하게 지켜주는 사람이 될 수 있어.

서른 이후를 생각하라

대한민국에서 사람 취급을 받으려면 어쨌든 대학은 나와야 해. 그래서 넌 아마 대학을 다니고 있거나 졸업을 했을 거야. 그런데 대학에서 네게 뭘 가르치고 있지? 학문이

라고 부르기엔 좀 민망하고, 대학 교과과정 뭐 그런 걸 가르치고 있을 거야. 대학을 졸업하는 그 순간부터 거의 쓸모없어질 그런 거 말이야. 하지만 대학은 그런 사실을 네게 절대로 알려주지 않고 있어. 도리어 수업료를 더 받지 못해 안달하고 있지. 도대체 대학은 널 뭘로 생각하고 있는 걸까?

대학을 졸업하고 여차여차해서 직장을 구했다고 치자. 넌 그곳에서 어떤 취급을 받게 될까? 거의 백퍼센트 들러리 취급을 받을 거야. 네 일은 일대로 하면서 커피나 복사 심부름 따위나 하다가 회사가 어려워지면 1순위로 버림받겠지. 지금 이 순간에도 우리나라의 많은 회사가 20대 여자 사원을 그렇게 대하고 있어. 그리고 결혼과 임신이 죄니? 결혼하고 임신했다고 쫓아내는 회사는 또 얼마나 많은지.

우리 사회의 꼭대기에 앉아 있는 사람들을 한 번 봐봐. 정치, 경제, 경영, 학문 등등. 대부분 남자야. 여자는 정말 찾아보기 어려워. 게다가 TV 등에서는 여자를 조금이라도 더 벗기지 못해서 안달하고 있어. 물론 나도 남자니까 남자의 성적 욕망을 이해하지 못하는 바는 아냐. 하지만 정도라는 게 있잖아. 이건 뭐 발정 난 수캐도 아니고.

이런 현실이 주는 메시지가 뭐니. 여자는 집에 들어앉아서 애나 보든지 남자 앞에서 옷이나 벗든지 뭐 그러라는 거잖아.

이건 뭐 조선시대도 아니고. 아니 아니야. 어쩌면 너는 또 다른 형태의 조선시대에 살고 있는 거야. 여자를 집에 들어앉혀 놓고 애나 보게 했던, 자신의 성적 만족을 위해 기생제도를 운영했던 그런 남자가 팔도에 가득했던 그 시대하고 지금 이 시대가 본질적으로 뭐가 다르니?

이런 나라에서 너는 살고 있어.

혹시 핸드폰이 옆에 있니? 시계를 한 번 봐봐. 초가 계속 바뀌고 있지? 네 얼굴 위로 세월이 쌓이는 소리야. 인간은 나이를 먹을수록 존중받아야 해. 하지만 우리 사회가 나이 먹은 사람 특히 나이 먹은 여자를 어떻게 대하는지는 너도 잘 알고 있겠지. 아마도 지구상에 '아줌마'를 비웃는 이야기가 우리나라처럼 많은 곳도 없을 거야.

이런 현실을 뒤엎을 수 있는 방법은…… 당연히 있어!

우리 사회는 남자가 만든 규칙이 통용되는 곳이야. 남자의 세계에서는 오직 '힘'이 규칙이지. 이는 곧 네가 힘을 가지면 남자가 만든 규칙을 바꿀 수 있다는 의미야.

아무리 예쁜 여자라도 서른이 넘으면 끝이야. 인생이 끝이라는 의미가 아니라 외모가 끝이라는 의미지. 하지만 힘을 가진 여자는 달라. 그녀는 서른부터 진짜 인생이 펼쳐지지.

네가 20대에 진정으로 추구해야 할 것은 연예인 같은 얼굴이나 아기 같은 피부 따위가 아니야. 최고의 스펙이나 졸업장도 아니고 좋은 직장도 아니야.

바로 힘이야!

여자가 알아야 할 남자에 관한 진실

여자 아이가 소꿉놀이를 할 때 남자 아이는 총싸움, 칼싸움 놀이를 해. 힘을 추구하는 본능을 타고났기 때문이야. 인류 역사가 시작된 이래 여자가 가정에서 사랑의 문화를 만들었다면 남자는 바깥에서 힘의 문화를 만들었어. 지구에서 가장 남성적인 조직인 군대를 생각해 보면 이해가 빠를 거야.

《손자병법》에 이런 말이 있지. 지피지기면 백전백승이다. 대학에서 사회로 진출하기 위해 준비를 하고 있을 네게, 이미 사회에 진출했을지도 모를 네게 묻고 싶어. 여자가 가정을 만들었다면 남자는 사회를 만들었어. 넌 남자에 대해서 얼마나 알고 있니? 만일 네가 남자의 본성에 대한 이해가 전무한 상태로 사회에 나간다면, 넌 어떻게 될까?

남자는 자신보다 우월한 힘을 가진 존재에게 복종하는 성향이 있어. 그 성향을 가장 노골적으로 드러내는 집단이 군대라고 한다면 그 성향을 가장 세련된 형태로 나타내는 집단은 회사라고 할 수 있어.

전쟁에서 승리한 군대는 패배한 군대의 군인을 노예로 삼아. 노예의 주 업무는 주인의 심부름을 하는 거야. 돈의 전쟁에서 승리한 부자들은 더 많은 돈을 벌기 위해 기업을 세우고 부자가 아닌 사람을 직원으로 고용해. 이렇게 말하면 굉장히 무식하게 들리겠지만, 직원의 주 업무는 고용주의 '돈을 벌어오라!'는 심부름을 하는 거야.

회사 내의 잡다한 심부름은 모두 여자가 해. 회사의 우두머리인 회장이나 사장은 아예 자신의 심부름만 전담하는 여자 직원을 따로 두고 있을 정도야.

이쯤에서 다음 두 가지를 생각해 보았으면 좋겠어.

"어째서 많은 여자가 회사에서 남자의 심부름을 하고 있을까?"

"만일 우리나라의 대통령이 여자라면, 국회의원과 행정부 관리의 2/3가 여자라면, 대기업 회장의 2/3가 여자라면 그런 일이 벌어질 수 있을까?"

힘은 곧 능력이야.

나는 네가 힘을 갖길 바래. 대학교수에게 가르침을 받는 사람이 되기보다는 대학교수를 가르치는 사람이 되길 바래. 누군가에게 월급을 받는 사람이 되기보다는 누군가에게 월급을 주는 사람이 되기를 바래. 연예인을 보고 발을 동동 구르는 사람이 되기보다는 연예인이 만나고 싶어하는 사람이 되기를 바래.

그런 여자가 세상에 어디 있냐고? 있어. 네가 능력 없는 여자들 속에 묻혀 있으니까, 아니 네가 능력이 없으니까 그런 여자들과 만날 일이 없고, 그렇다 보니 그런 여자들이 있는지조차 모를 뿐.

이렇게 말하고 나니 참 미안하다. 너무 재수 없지? 나도 잘 알아. 하지만 이렇게 쏘아붙이지 않으면 네가 어떻게 힘을 가지려는 생각을 할 수 있겠니.

난 네게 세상에서 가장 재수 없는 사람으로 찍히는 것보다 네가 어제와 똑같이 사는 모습을 보는 게 더 두려워. 이런 내 마음을 이해해 주길 바래. 그리고 생각해 봐. 오빠가 아니면 어떤 남자가 여자에게 세상의 진실을 가르쳐주겠니?

또 이 책은 나는 변화된 인생을 살고 싶소, 그러니 제발 당신의 글로 과거의 나를 죽여 주시오. 나를 새롭게 태어나게 해 주시오. 이런 절박함으로 똘똘 뭉친 사람을 위한 책이잖니.

이제 힘을 가진 여자가 되는 방법에 대해서 알아볼까. 사실 그것은 아주 간단해. 지금부터 그런 여자가 되어야겠다고 마음먹으면 돼. 말도 안 된다고? 그렇게 해서 힘을 가질 수 있다면 누군들 능력 있는 여자가 못 되겠냐고?

네게 묻고 싶어. 지난 이십 몇 년 동안 남자보다 우월한 힘을 가진 여자가 되겠다고 마음먹어 본 적이 단 한 번이라도 있니? 아마 없을 거야.

다시 한 번 물을게. 네가 평범한 여자에 머물러 있는 것은 어쩌면 네가 특별한 여자가 되기를 진심으로 원했던 적이 한 번도 없었기 때문은 아닐까?

내 말을 가볍게 듣지 말기를 바래. 난 이래 봬도 18년 가까이 성공한 사람을 연구해 오고 있는 사람이야. 그리고 그 연구결과를 책으로 써내고 있는 사람이야. 몇 년 전에 내가 직간접적으로 연구한 성공자의 수를 세어 보았더니 약 2천 명이더라. 그 뒤로 숫자를 세지 않았어.

이제부터 내 자랑을 좀 할게. 넓은 마음으로 이해해 주길 바래. 작가가 먼저 증명을 해야 하거든. 자신의 성공을. 그래야 독자들이 신뢰를 가지니까. 자기계발을 위한 책을 많이 접하지 못한 사람은 잘난 체로 밖에 보이지 않겠지만.

내 책들은 지난 몇 년 간 우리나라에서 가장 많이 팔렸어. 일본, 중국, 대만, 베트남 같은 아시아는 물론이고 미국에서도 번역 출간되고 있어. 물론 내 책을 무시하고 집어던진 사람도 있어. 하지만 그들은 비교도 안 될 만큼 많은 사람이 내 책에 나오는 이야기를 자신의 삶에 적용해서 놀라운 변화를 일으켰어. 그중에는 네가 좋아하는 유명 연예인도 있어. 이쯤에서 그만할게. 자랑을 더 하다간 얼굴이 새빨개져 버릴 것 같으니까.

18년 가까이 2천 명이 넘는 성공자들을 연구한 내가 얻은 성공의 제1원칙, 그러니까 힘을 가진 여자가 되는 방법은 단 하나야. 마음 깊이, 간절하고 절박하게, 뜨겁고 황홀하게, 힘을 열망하는 거야. 이미 힘을 가진 네 자신의 모습을 상상하면서 그 영상에 취해 사는 거야. 그러면 힘이 와. 그리고 네 것이 돼. 네 안에 힘을 얻을 수 있는 능력이 생긴다는 의미야. 네가 앞으로 걸어가야 할 길을 저절로 깨닫게 된다는 이야기야. 너를 도와주는 사람이 나타난다는 말이야.

네겐 시간이 없어. 20대에 힘을 가져야지 언제 가질 거야? 넌 여자잖아. 결혼하고 아기도 낳아야 해. 혹시 주변에 아기를 키우는 사람이 있다면 꼭 한 번 물어보길 바래. 시간과 정성이 얼마나 많이 들어가는지.

내가 아는 한 엄마는 아기를 낳고 2년 넘게 하루에 잠을 많이 자야 두세 시간 잔다고 해. 밥도 한 끼 먹을까 말까 하고. 왜 그러냐고 물어보았더니 아기를 키우다 보면 그렇게 된대. 아직 결혼도 못해 본 나로서는 도무지 이해가 안 되는 말이지만 어쩌겠어. 직접 키우는 사람이 그렇다고 하니 믿어야지.

아무튼 내가 보니까 여자들은 대부분 20대에는 대학, 취직, 결혼에 매여 살다가 30대에는 아이에게 매여 살아. 그렇게 20년을 보내고 40대에 다시 사회로 나가려고 하지. 하지만 그땐 너무 늦어. 이미 20년 동안 사회에 뒤처진 거잖아.[3]

때문에 넌 20대에 힘을 가져야 해. 20대에 성공하는 사람들의 비결을 네 것으로 만들어야 해. 20대에 최고의 여자가 되기 위한 준비를 모두 끝마쳐야 해. 30대에 정신 차리면 늦어.

---

[3] 물론 40대에도 목숨 걸고 도전하면 얼마든지 크게 성공할 수 있어!

하루 열 번만
미래를 생각하라

아마도 넌 하루에 거울을 최소한 열 번은 볼 거야. 네 마음의 눈으로 네 미래는 하루에 몇 번 보니? 하루에 열 번만 미래를 생각해 봐. 그러다 보면 자기도 모르게 미래를 준비하게 될 거야. 그리고 그렇게 미래를 준비하다 보면 어느덧 넌 어떤 강한 남자보다 더 우월한 힘을 가진 여자가 되어 있을 거야.

널 응원한다.

네가 맞서야 할
진짜 경쟁자

네 주변에 있는 여자는 네 경쟁상대가 아니야. 네 경쟁상대는 이 사회의 기득권을 가지고 있는 강한 남자들이야. 그들은 국회, 기업, 대학, 언론 등의 분야에서 막강한 권한을 휘두르면서 국가, 사회, 경제의 방향을 결정하다시피 하고 있어. 안타깝게도 지금 우리나라에는 그 강한 남자를 뛰어넘는 여자가 많지 않아. 덕분에 OECD 국가 중 여성 인권이 최하

위권에 속하는 현실이 펼쳐지고 있지. 난 이 현실을 변화시키기 위해 네가 나서야 한다고 생각해. 친구보다 더 예뻐지기 위해 노력하고, 친구보다 더 학점 잘 받기 위해 노력하고, 친구보다 더 좋은 남자를 만나기 위해 노력하고……. 그래, 당연히 그런 노력도 해야 하지. 하지만 그런 노력으로는 세상을 바꿀 수 없잖아. 난 네가 강한 여자가 되기 위해 노력했으면 좋겠어. 클레오파트라처럼, 힐러리처럼 우리 사회의 가장 강한 남자를 한 손에 쥐고서 마음대로 움직이는 그런 여자 말이야. 네가 그런 여자가 되면 세상은 참 많이 달라질 거야. 난 그렇게 믿어.

세월을 이길 수 있는 유일한 방법

가방 속에 시계와 거울이 있지?

한 번 꺼내 보겠니?

마음속으로 열을 세고 시계를 봐 주겠니?

십초가 흘렀을 거야.

좀 잔인한 이야기를 할게.

넌 방금 십초 넘게 늙었어.

이게 다가 아냐. 넌 내일 이맘때쯤이면 24시간 늙어 있을 테고, 내년 이맘때쯤이면 8,760시간 늙어 있을 거야. 생각만 해도 끔찍하겠지만 이 사실은 그 누구도 어쩌지 못하는 삶의 진실이야.

클레오파트라는 사실 추녀에 가까웠다고 해.[4] 대영박물관에서 '클레오파트라 조각상 전시회'가 열렸는데, 하나같이 꽤 못생긴 얼굴을 하고 있었다고 해. 그런데 그녀는 어떻게 로마 최고의 남자들을 사로잡을 수 있었을까?

그 비결은 간단해.

클레오파트라는 로마 최고의 남자, 심지어는 카이사르조차도 뛰어넘는 능력을 가진 여자였어. 그녀는 잘난 남자의 밑에서 일하기보다는 잘난 남자의 위에서 일하고자 한 여자였어. 그녀는 예쁜 얼굴이 인생을 바꿀 수 있다고 믿었던 게 아니라 뛰어난 두뇌가 인생을 바꿀 수 있다고 믿었던 여자였어. 그녀는 고급 화장품이나 명품 옷에 열광하기보다는 인생의 지혜가 담긴 책에 열광했던 여자였어.

---

[4] 그렇지 않다는 주장도 있어.

물론 그녀가 외모에 전혀 무관심했다는 이야기는 아니야. 그녀도 여자였기에 당연히 외모를 꾸미는 데 많은 노력을 기울였어. 하지만 그보다 몇 배의 노력을 지혜로운 여자가 되는 데 썼어.

클레오파트라는 시간으로만 따진다면 약 2,080년×365일×24시간 늙었다고 할 수 있어. 하지만 그녀는 21세기의 그 어떤 미녀보다도 눈부시게 빛나고 있어.

예쁜 얼굴이나 멋진 몸매는 세월을 이길 수 없어.

방송에 나오는 아줌마 얼짱, 몸짱도 마찬가지야. 그녀 자체만 보면 참으로 대단해 보이지. 하지만 그녀를 스무 살짜리 미녀들 사이에 세워 놓아도 여전히 대단해 보일까? 그저 젊어 보이려고 발버둥치는 불쌍한 아줌마라는 사실이 금방 탄로 나고 말 거야.

내년 이맘때쯤 8,760시간 늙어 버린 여자가 되는 대신 8,760시간 젊어진 여자가 되고 싶다면 클레오파트라처럼 살기를 바래.

여자가 세월을 이길 수 있는 유일한 방법.

그것은 최고의 남자보다 더 뛰어난 능력을 가진 여자가 되는 거야.

명품녀가 되는 법

　　　　　　서울 강남에서 외제차를 끌고 다니는 20대 남자 중 상당수가 반지하 셋방에서 살고 있다고 해. 물론 그들이 몰고 다니는 외제차는 십중팔구 리스한 거야. 나도 그런 인간을 한 명 알고 있어. 난 녀석에게 물어보았어. 월세도 제대로 못 내는 처지면서 왜 그런 짓을 하냐고. 대답이 가관이었어.

"여자들한테 인기 있잖아요."

한 번은 녀석의 차에 내가 아는 아이가 탄 적이 있어. 난 그 아이에게 물어보았어. 왜 녀석의 차를 탔냐고, 외제차를 몰고 다니니까 녀석이 멋있어 보여서 그런 거냐고. 그랬더니 바로 이렇게 대답하더군.

"오랜만에 BMW를 느껴 보고 싶었을 뿐이에요. 그 애는 뭐, 기사로밖에 안 느껴지는데요."

내가 다시 물었어.

"그 녀석 나름 멋있잖아. 정말 전혀 남자로 안 느껴지는 거야?"

역시 시크한 대답이 돌아왔어.

"남자로 느껴지면 사귀고 있겠죠. 오빠는 정말 모르겠어요?

제가 고등학교 동창 만날 때만 개 부른다는 거요. 비록 내 차가 아니더라도 BMW에서 내리면 폼 나거든요."

명품에 목숨 거는 여자들을 볼 때마다 나는 BMW 사건이 생각나. 남자들은 그런 여자 바보로 보거든. 그런데 그런 여자들은 그 사실을 전혀 모르더라고. BMW 그 녀석이 여자들이 자신을 어떻게 생각하고 있는지 전혀 모르듯이 말이야.

좀 진부한 말 같지만 난 네가 명품 따위로 자신을 꾸미려 하지 말고 인간 명품이 되기 위해 노력했으면 좋겠어. 몇 달 전에 한 미스코리아를 만났는데, 몸에 걸친 것들이 심상치 않아 보였어. 그래서 물어보았지.

"그것들 다 명품이죠?"

그녀는 수줍게 웃으면서 대답하더군.

"네, 근데 별로 안 비싸요."

구체적으로 물어보니 다 합쳐서 거의 천만 원 가까이 되더군.

그때부터 좀 재미있는 현상이 벌어졌어. 내 눈에 자꾸 명품만 보이고 그녀는 잘 보이지 않게 되더라고. 명품이 그녀를 압도해 버린 셈이지.

왜냐하면 그녀 자신은 명품이 아니었거든. 오래전에 얻은 미스코리아라는 타이틀을 빼면 그녀는 그저 부모 잘 만나서 한 달에 수백만 원씩 펑펑 쓰면서 노는 고학력 실업자에 불과했거든.

난 생각해.

차라리 그녀가 트레이닝복을 입고 나왔다면 진짜 멋있었을 텐데, 라고 말이야. 그랬다면 난 그녀를 인간 명품으로 평가했을 거야.

만일 네가 명품에 어떤 환상을 품고 있다면 주변의 정상적인 남자들에게 꼭 한 번 물어보길 바래. 명품에 목숨 거는 여자를 어떻게 생각하냐고. 절대로 좋은 대답은 듣지 못할 거야.

최근에 인터넷에서 본 다음 글귀로 마무리하고 싶어.[5]

"어떤 성공한 여자가 이런 말을 했다.

열심히 돈을 모아서

'샤넬'의 가방 하나를 사는 것보다는

동대문에서 산 가방 하나를 들어도

언제나 '샤넬' 같은

그런 여자가 되어야 한다고."

---

[5] 원작자나 출처를 아시는 분은 e-mail을 보내주시길. 즉시 기재하도록 하겠습니다.

압구정동, 청담동, 신사동에는 세 부류의 여자가 있다

서울 강남에 있는 압구정동, 청담동, 신사동은 우리나라에서 가장 비싼 가게들과 가장 화려한 사람들이 잔뜩 모여 있는 곳이야. 나는 많은 20대 여자들에게 물어보았어. 20대에 꼭 한 번 살아 보고 싶은 곳이 어디냐고. 그때마다 압구정동, 청담동, 신사동이 나오더군.
그래, 이 세 동네는 환상의 동네야. 하지만 세상의 모든 환상이 그렇듯이 이 세 동네의 환상도 그 실체를 알고 보면 좀 그래.

압구정동, 청담동, 신사동을 거점으로 삼아서 노는 여자 중 상당수는 집이 대부자인 아이들이야. 물론 그녀들은 스스로를 대부잣집 딸이라고 전혀 생각하지 않아. 이를테면 이런 식이지.

"우리 집 절대 부자 아니에요. 집도 작고요, 차도 한 대밖에 없어요."

"그래도 한강이 한눈에 들어오는 고급 아파트잖아. 차도 벤츠고."

"그게 뭐가 부자예요. 오빠가 진짜 부자를 못 봤구나."

"응, 봤어. 바로 내 앞에 있는 너야. 내가 보기에는 너야말로 평범한 가정을 못 본 것 같은데."

"억울해요. 우리 집 정말 부자 아니라고요."

"그래, 알았다. 그만하자."

청담동에 있는 한 음식점에서 이런 대화를 나누었는데, 맙소사, 그 집에서는 와플 한 접시에 1만 원을 받더군. 거기에 커피 두 잔 해서 2만 4천 원이 나왔어. 그런데 또 부가세 10퍼센트가 별도야. 기가 막히지? 물론 그 동네 음식점이 다 이런 건 아니야.

압구정동, 청담동, 신사동은 그냥 돈으로 처발라 놓은 동네에 불과해. 문화 따위는 찾아볼 수 없는 무식한 동네야. 일례로 그 동네에서는 서점을 찾아볼 수 없어. 밥집, 술집은 셀 수 없이 많지만. 게다가 그런 밥집과 술집에는 한 끼 먹고 마시는 데 십만 원 넘는 돈을 아무렇지 않게 쓰면서도 "난 평범해요. 우리 집은 가난해요!"라고 주장하는 이상한 여자들이 우글거려.

물론 그렇다고 그 세 동네에서 노는 게 나쁘다는 것은 아냐. 나도 기분전환이 필요할 때면 그 세 동네를 한 번씩 찾아. 하지만 난 그 세 동네에서 노는 사람을 절대로 부러워하지 않아. 환상 따위는 아예 갖고 있지도 않고.

한편으로 나는 그 세 동네에서 치열하게 미래를 준비하는 사람들에게 관심이 많아. 내가 아는 한 여자는 패션디자이너인데 청담동에서 새벽부터 밤까지 일해. 토요일, 일요일도 마찬가지야. 덕분에 그녀는 전국대회에서 1위를 한 적도 있어.

그녀는 청담동에서 10년 가까이 살고 있지만, 자기 동네 지리도 잘 몰라. 회사하고 집만 왔다갔다하다 보니 그렇대. 그녀는 오래전에 억대 연봉을 돌파했고, 통장에 수억 원이 넘는 돈이 쌓여 있어. 하지만 정말 검소하게 살아. 명품 따위는 거들떠보지도 않아. 몇 년 안에 강남이나 분당에 사무실을 차리는 게 꿈인데, 그 꿈을 위해서 자금을 축적하고 있다고 해.

압구정동, 청담동, 신사동에는 세 부류의 여자가 있어. 부모님 돈 펑펑 쓰면서도 부끄러운 줄 모르고 고개 빳빳이 들고 다니는 여자, 그 세 동네가 어떤 곳인지도 모르면서 그저 소녀 같은 환상에 부풀어 여기저기 구경 다니는 순진한 여자, 그 세 동네에서 젊음을 불사르면서 치열하게 미래를 준비하는 지혜롭고 열정적인 여자.

네가 만일 이 세 동네에 발을 들여놓게 된다면 세 번째 부류가 되었으면 좋겠어.

난 기억해. 1년 전 어느날 압구정동 로데오거리라는 곳에 처음 갔을 때, 한눈에 보기에도 허영심으로 가득 찬 여자들이 활보하는 그 거리를 가득 메운 가게들, 그 안에서 놀고 싶은 마음

을 억누른 채 열심히 일하던 수많은 20대의 두 눈에서 뿜어져 나오던 열정의 빛줄기들이.

앞으로 네가 만일 압구정동이나 청담동 또는 신사동을 가게 된다면 그저 놀지만 말고 그 세 동네에서 뜨겁게 일하고 있는 20대를 한 번 눈여겨보는 시간도 갖길 바래.

'텐프로'의 진실 - 미인이 아니어서 불행한 거라고?

많은 여자들이 성형을 해서라도 미인이 되려고 해. 지금보다 훨씬 예뻐지면 인생이 확 바뀔 수 있다고 믿으니까.

하지만 난 네가 이것을 한 번 생각해 봤으면 해.

"비서가 성형을 했다고 CEO가 될 수 있을까?"

미인대회 출신들과 대화를 나눈 적이 있어. 대화 도중 고급 룸살롱인 '텐프로' 이야기가 나왔어. 누군가가 자신이 잘 아는 연예인이 그곳에서 살다시피 한다고 흉을 보았거든.

순간 또 다른 누군가가 살짝 떨리는 소리로 이렇게 말했어.

"거기엔 연예인도 저리가라 할 미녀만 있다고 하던데……."

화기애애하던 분위기가 갑자기 북극의 얼음처럼 얼어붙었어.

"야야, 긴장 풀어. 우리가 걔네들하고 경쟁할 일 없으니까."

왕언니의 이 한 마디가 없었다면 난 정말 난감했을 거야.

난 여자들의 얼굴이 그렇게 이상하게 굳어질 수 있으리라고는 상상도 못했거든. 정말이지 내 두 눈을 어디다 둬야 할지 몰랐어.

여러 경로를 통해 취합한 정보에 따르면 우리나라에서 가장 예쁜 여자들은 술집에서 가장 많이 찾아볼 수 있다고 해. 참 이상한 일이지. 우리가 굳게 믿고 있는 세상의 법칙은 이거잖아.

"미인은 완벽한 남자를 만나서 행복하게 잘 산다."

그런데 진짜 세상의 법칙은 이거거든.

"미인은 술집에서 배 나온 대머리 아저씨에게 밤새도록 술을 따르면서 자신의 운명을 저주한다."

그다음 법칙은 이거야.

"미인은 밤낮이 바뀐 생활과 술에 찌든 생활을 하면서 서서히 추녀로 전락한다."

성형을 하지 마라는 이야기가 아니야. 성형을 해서 인생이 달라질 수 있다면 그건 투자일 수 있어.

미인이 모두 불행하다는 이야기도 아니야. 아무렴 술집에 다니는 미녀보다는 그렇지 않은 미녀가 훨씬 더 많겠지. 난 네게 사고방식의 중요성에 대해서 말하고 싶은 거야.

"내 인생이 잘 풀리지 않는 것은 내가 미인이 아니기 때문이야."

이런 생각을 갖고 있는 한, 그 사람은 절대로 어제보다 나아질 수 없거든. 20대를 너무 헛되이 보내고 말거든. 그녀는 단지 핑계를 대고 있는 것에 불과하니까.

어느 공주님의 새드 엔딩 스토리

『여자라면 힐러리처럼』이라는 책이 한창 독자들의 사랑을 받았을 때의 일이야. 전부터 알고 지내던 한 여자 애가 내게 이런 말을 했어.

"오빠, 책 너무 재미있게 읽었어요. 그런데 꼭 힐러리처럼 그렇게 살아야 할 필요가 있을까요? 너무 힘들고 빡빡한 것 같아요. 전 말이죠. 좀 여유롭게 살고 싶어요. 헤이즐넛 향기 나는 그런 인생을 살고 싶어요."

나는 그냥 싱긋 웃는 것으로 대답을 대신했어. 그 녀석 집이 굉장히 부자였거든. 그리고 얼굴이 좀 예뻤거든. 게다가 신촌에 있는 대학을 다니고 있었어. 난 그때 이렇게 생각했던 것 같아.

'넌 예쁘고 좋은 대학을 다니고 집도 부자니까 대학을 졸업하자마자 여기저기서 좋은 선자리가 밀려들겠지. 어쩌면 넌 청담동 며느리 따위가 되어 평생 부족함 없이 살지도 몰라. 네게 어울리는 것은 자기계발이 아니라 맛있는 쿠키를 굽는 법 또는 집을 예쁘게 꾸미는 법 같은 게 아닐까? 그래, 넌 참 좋겠다. 헤이즐넛 향기처럼 살 수 있어서.'

작년에 난 그 녀석을 한 대형 마트에서 보고 커다란 충격을 받았어. 난 아직도 잊혀지지 않아. 녀석의 그 기괴한 표정이.

녀석은 웃고 있었어. 그런데 또 울고 있었어. 아니 울고 있었는데 남들을 의식해서인지 웃고 있었어. 그 웃음과 울음이 뒤범벅된 얼굴 위로 한탄, 허탈, 분노, 슬픔, 좌절, 절망 같은 감정이 오르락내리락하고 있었어. 항상 밝고 다정하고 예쁘고 여유롭고 당당한 표정만 머물렀던 그 얼굴 위에 그런 감정이 흐르는 것을 보니까 팔에 소름이 쫙 돋더군.

녀석은 한 대머리 아저씨에게 혼나고 있었어. 대머리 아저씨

는 질리지도 않는지 "누가 멍하니 있으라고 했습니까? 손님이 없어도 싱글벙글 웃고 있어야지요. 밝고 맑은 목소리로 제품을 홍보해야지요. 그러라고 뽑은 거고, 그러겠다고 지원한 거 아닙니까? 그리고 윗사람이 지적하면 '죄송합니다. 고치겠습니다.'라고 말해야 하는 거 아니에요? 그런데 지금 뭐하는 겁니까? 말대꾸나 하고." 이런 말을 앵무새처럼 반복하더군.

아마도 손님이 거의 없는 낮 시간대라서 마음 놓고 알바생을 들들 볶고 있었나 봐. 녀석 앞에는 시음 매대가 있었고, 그 매대에는 가위로 자른 치즈가 앙증맞게 놓여 있었어.

그래, 녀석은 마트에서 일하고 있었어. 대학을 졸업하면 일단 1년 정도 유럽을 여행한 뒤 한비야처럼 오지 여행을 떠나겠다던 녀석이 어느 날 갑자기 전화를 하더니 세상 경험을 쌓고 싶어서 대형 마트에 알바로 들어갔다고 혹시 근처 지나갈 일 있으면 놀러 오라고 해서, 몰래 가서 놀려 주려고 했던 건데, 그런 광경을 목격하고 만 거지. 녀석은 몽상이 취미라서 멍해 있었던 건데, 손님이 오면 누구보다 밝고 명랑하게 말을 걸 수 있는 녀석인데, 그걸 모르는 대머리 아저씨는 그저 녀석을 쪼아대고만 있었던 거야.

며칠 뒤 나는 그 마트에서 녀석을 또 발견했어. 좀 충격이었어. 녀석은 자존심이 정말 센 아이거든. 대머리 아저씨한테 그런 수모를 당하고도 계속 아르바이트를 할 아이가 아니거든.

좀 이상하다 싶어서 녀석과 친한 여러 사람에게 물어봤어. 드라마 속에서나 나올 법한, 나도 한 번 겪은 적 있는 그런 이야기가 귀에 들려왔어. 아빠 회사가 부도나고, 집이 경매당하고, 부모님이 이혼 직전이고 뭐 그런 이야기. 그 결과 공주님은 하루아침에 하녀로 전락했다는 그런 이야기. 뭐 지금 이 순간에도 우리나라 곳곳에서 벌어지고 있는 일이지.

난 그때 후회했어. '녀석이 대학 다닐 때 그렇게 무책임하게 내버려두는 게 아니었어.' 하고.

나는 지금도 한 번씩 생각해. 만일 녀석이 대학 시절에 주말마다 사진을 찍으러 다니는 대신 사회의 현실을 탐구하러 다녔다면, 방학 때마다 미국으로 유럽으로 놀러 가는 대신 성공한 사람들을 찾아다니면서 그들의 사고방식을 배웠다면, 집에 무서운 위기가 닥쳤을 때 가족의 리더가 되어 위기와 맞서 싸웠을 텐데, 최소한 가정이 흔들리는 것은 막을 수 있었을 텐데, 하고 말이야. 녀석의 가정은 결국 붕괴되었어. 녀석은 삶이 너무 힘들다는 한 마디를 남기고 인도로 떠났어.

난 녀석에게 끝까지 아무 말도 하지 못했어. 어쩌면 난 녀석에 대한 미안한 마음을 씻고 싶어서 이 책을 쓰고 있는 것은 아닐까? 녀석이 만난 감당하기 힘든 현실은 어쩌면 세상의 모든 20대들의 미래일 수 있으니까.

한국이 바뀌기를 기대하지 마

"모든 국민은 인간으로서의 존엄과 가치를 가지며 행복을 추구할 권리를 가진다. 국가는 개인이 가지는 불가침의 기본적 인권을 확인하고 이를 보장할 의무를 진다."

우리나라 헌법 제10조 전문이야. 나는 이 헌법 조항을 많은 20대 친구들에게 읽어 주고 어떻게 생각하는지 물어봤어. 그랬더니 대부분 이런 반응이었어.

"역시 우리나라는 헌법부터 사기와 거짓말로 점철되어 있군요!"

어떤 친구는 이 헌법 조항 앞에는 '권력이 있고 돈이 많고 얼굴이 예쁜'이라는 문구가 생략되었을 거라고 하더군.

가슴 아프지만 상당 부분 맞는 이야기일 수 있다고 생각해.

만일 그렇지 않다면 우리나라가 OECD 1위의 자살대국일 수 없겠지. 그래 우리는 이상한 나라에 태어났을 수도 있어. 하지만 그렇다고 우리마저 이상해지면 안 될 것 같아. 나는 20대 시절 종종 이런 혼잣말을 하곤 했어.

"나는 한국이라는 나라를 선택해서 태어났다."

이유는 간단해. 그렇게라도 내 자신을 세뇌시키지 않으면 그만 폭발해 버려서 무슨 짓을 저지를지 몰랐거든. 그 정도로 내 20대는 불행했어.

가진 자 위주로 돌아가는 나쁜 사회 시스템에 분노와 좌절감이 밀려들 때마다 "내가 어쩌다 이런 나라에 태어났을까, 이민이라도 가고 싶다."라고 생각하는 대신 "나는 태어나기 전에 내 스스로의 의지를 발휘해서 우리나라를 선택한 거야. 우리나라에 내가 꼭 필요하기 때문에, 우리나라에서 내가 반드시 해야 할 일이 있기 때문에. 물론 지금은 그게 뭔지 잘 모르지만 언젠가는 반드시 알게 될 거야. 그래, 나는 한국이라는 나라를 선택해서 태어났어." 이렇게 읊조리다 보니까 마음이 차분해지고 편안해지면서 힘이 생겼어. 그리고 놀랍게도 몇 년 뒤에 깨닫게 되었지. 내가 한국이라는 나라에 태어난 이유를, 내가 한국이라는 나라에서 해야 하는 일들을.

난 네 자신이 바뀌면 된다고 생각해. 불평하고 한탄하는 대신 긍정하고 전진하면 된다고 생각해. 네가 변화된 삶을 살면 친구들도 네게 영향을 받게 되지 않을까.

그 친구들에게 영향을 받을 사람들을 생각해 봐. 그리고 그들에게 영향을 받을 또 다른 사람들을.

너로부터 시작된 변화가 그렇게 무한 전파되다 보면 우리나라는 물론이고 지구 자체가 바뀔 수도 있지 않을까? 이렇게 놓고 보면 세상을 바꾸는 것은 어쩌면 가장 쉬운 일일지도 몰라. 헌법 제10조는 우리가 앞으로 만들어 가야 할 무엇이라고 생각해. 앞으로 10년 뒤에 내가 20대 친구들에게 헌법 제10조를 읽어 주면 이런 반응이 나왔으면 좋겠다.

"헌법 제10조는 바로 우리 이야기군요!"

별

난 말이야. 지구가 너무 싫었어. 내가 인간이라는 사실도 참 감당하기 힘든 슬픔이었지. 왜 하필 인간으로 태어났을까. 기왕

이면 AD 3세기 브라질의 어느 깊은 밀림의 나무 한 그루로 태어났으면 얼마나 좋았을까. 그럼 인간으로 사는 슬픔은 없었을 텐데.

'내 이마에 뿔이 자랐으면 좋겠어. 모든 악을 물리칠 수 있는. 내 등에 날개가 돋아났으면 좋겠어. 우주를 여행할 수 있는. 지구를 떠나고 싶어. 이 우주 어딘가에 있을 슬픔도 아픔도 죽음도 없는 그런 세계로 날아가고 싶어. 인간도 악마도 천사도 하나님도 없는 세계, 무의 세계, 아니 무 자체도 없는 그런 세계로 날아가고 싶어.'

20대 때 난 매일 이런 생각을 하곤 했어. 그러곤 엉뚱하게도 하나님께 기도하곤 했어. 내 소원을 들어달라고. 하지만 아무리 기도해도 소원은 이루어지지 않았지. 이마에서 뿔이 자라지도, 어깨에서 날개가 돋아나지도 않았어.

그러던 어느 날이었어. 난 우연히 별에 관해 쓰인 책을 읽게 되었어. 그 책엔 이렇게 쓰여 있었어.

"핵물리학의 발견에 따르면 인간의 육체의 98퍼센트는 별과 같은 물질로 이루어져 있다."

그 구절을 글을 읽는 순간 우주 저 편에서 별 하나가 날아와 내 이마에 박히는 것 같았어.

생각해 봐. 지구는 별이잖아. 더러운 세상이 아니라. 그리고 우리는 지금 별에서 살고 있잖아. 매일 별을 밟고, 별을 보고, 별을 느끼고 있잖아. 이 깨달음이 있고 난 뒤 나는 많이 행복해졌어.

언젠가 우리들은 죽게 되겠지. 아무리 예쁜 얼굴을 가졌다고 해도, 아무리 못생긴 얼굴을 가졌다고 해도, 아무리 크게 성공한다 해도, 아무리 더럽게 실패한다 해도, 결국 우리는 모두 죽어. 끔찍하고 비참하고 고통스런 일이지. 하지만 죽음을 별의 관점에서 바라보면 "별에서 태어나 별을 밟고 살다 별 위에서 생을 마치노라." 이렇게 돼.

우와, 이건 너무 아름다운 이야기야. 너 알고 있니? 네가 별 위에 지은 집에서 살고 있다는 사실을.

발게이츠가 세계 최고가 될 수 있었던 비밀

"오늘 내게 거대한 행운이 다가올 것이다."

이 말을 누가 했는지 아니?

빌 게이츠야. 난 빌 게이츠를 보면서 늘 자문했어.

"한때 평범하기 그지없었던 그가 어떻게 세계 최고의 존재가 될 수 있었을까?"

내가 찾은 답은 이거야.

빌 게이츠는 단 하루도 거대한 행운을 꿈꾸지 않은 날이 없었고, 마침내 자신의 믿음대로 거대한 행운을 만나게 된 거라고.

네가 지금껏 거대한 행운을 만나지 못했던 것은 어쩌면 거대한 행운을 간절하게 꿈꾸었던 순간이 단 한 번도 없었기 때문은 아닐까?

난 네가 매일 아침 눈을 뜨자마자 거대한 행운을 만날 예감에 몸서리치는 그런 사람이 되길 바래. 어디를 가든 누구를 만나든 그 장소와 그 만남 뒤에 숨어 있을지도 모를 거대한 행운과 조우하러 간다고 믿는 그런 사람이 되길 바래. 매일 잠들 때마다 곧 만나게 될 거대한 행운에 대한 예감 때문에 쉬이 잠들지 못하는 그런 사람이 되기를 바래.

갑자기 괴테의 명언이 생각나는군.

"꿈꿀 수 있다면 이룰 수 있다."

넌 지금 무엇을 꿈꾸고 있니?

인생을 바꾸기 위해 해야 할 일들.
하나, 지나간 일들을 떠올리지 말 것.
둘, 이미 일어난 일들을 후회하지 말 것.
셋, 바꿀 수 없는 것들을 아쉬워하지 말 것.
난 네가 지금 이 순간에 감사하면서
바꿀 수 있는 미래를 향해 날아갔으면 좋겠어.
하지 못했던 것들이 아니라
하고 싶은 것들을 바라보면서
하루하루를 살아갔으면 좋겠어.
뒤를 돌아보면 앞을 볼 수 없으니까.

Chapter Two 네가 가는 곳이 길이다

빛나는 미인의
빛바랜 그림자

난 남자야. 당연히 미인에 대한 환상이 있어. 첫 베스트셀러가 나오고 보름쯤 지났을 때였어. 미니홈피에 들어갔더니 "00년 미인대회 수상자 누구입니다. 작가님 팬입니다."라는 메시지와 함께 일촌신청이 들어와 있었어. 나는 '드디어 올 것이 왔다!'라고 생각했어. 당시만 해도 내게는 '성공해서 미인을 만나자!'라는 20대 시절의 유치한 마인드가 남아 있었거든. 나는 일촌신청을 받아 줌과 동시에 과감히 그녀에게 전화번호를 물어보았어.

우리는 만났어. 그리고 한 시간도 안 돼서 헤어졌어. 이유는 간단했어. 미니홈피 사진과 실물이 어떻게 그렇게 다를 수 있는지, 그토록 비문화적인 얼굴로 어떻게 미인대회 수상자가 되었는지 난 도무지 이해할 수 없었고, 그런 내 마음은 고스란히 얼굴에 나타났고, 그녀는 당황해서 어쩔 줄 몰랐고, 그랬거든.

난 후회해. 그때 그녀에게 그렇게 대하는 게 아니었는데 하고. 미인대회 수상자도 사람이잖아. 그리고 사람은 외모로 판단하면 안 되잖아. 하지만 난 그렇지 못했어. 그 뒤로 약 2년 동안 난 여러 명의 미인대회 출신자, 모델 등으로부터 일촌신청을 받

앉아. 하지만 너무 바빠서 직접 보진 못했어.

그러던 어느 날이었어. 난 출판사로부터 『여자라면 힐러리처럼』의 후속작을 써달라는 제안을 받았어. 그래서 한 위대한 여자를 선정했어. 그런데 이 여자가 20대에 미인대회에서 수상한 경력이 있었어. 그리고 그때를 기점으로 인생이 파격적으로 달라지기 시작했어.

난 직감적으로 미인대회 출신을 광범위하게 인터뷰해야 할 필요성을 느꼈어. 만일 우리나라 미인대회 출신의 80퍼센트 이상이 공식적인 미인이 된 뒤 앞의 위대한 여자처럼 인생에 놀라운 변화가 생겼다면 이런 결론이 나오는 거잖아. "무조건 예쁜 여자가 성공한다!" 그럼 난 그 위대한 여자에 대해서 쓸 수 없지. 그녀는 자기계발로 성공한 게 아니니까.

여러 경로를 통해서 60여 명이 넘는 미인대회, 모델대회 출신을 만나서 인터뷰를 진행했어. 처음엔 답답했어. 다들 이렇게 이야기했거든.

"저는 그 대회를 젊은 날의 도전이라고 생각했습니다. 저는 그 대회의 성취를 통해 사회에 공헌하고 싶었고……."

뭐랄까. 여자 교장 선생님의 훈화를 듣는 듯한 기분이었다고나 할까. 하지만 오래지 않아 난 그녀들의 다른 모습에 접근할 수 있었어. 미인대회 같은 경우 꽤 오랜 기간 합숙을 한다고 해. 그러면서 서로 볼 것 못 볼 것 다 보게 되나 봐. 미인대회 후보라는 제법 화려한 타이틀 뒤에 숨은 한 인간을 목격한다고나 할까. 그녀들은 이런 식이었어.

"저기 그때 같이 입상하신 누구 있잖아요. 제가 만나서 이야기를 들어 보았는데 나이도 어린 친구가 의식이 대단하더라고요."
"그 애가 작가님한테 뭐라고 했는데요?"
"이런저런 이야기를 하더라고요."
"뭐라고요? 기가 막혀. 걔가 미인대회 출전한 건요. 이유가 딱 하나예요. 아나운서 돼서 재벌 만나려고 하는 거."
"어떻게 그렇게 잘 아시죠?"
"합숙할 때 들었어요."

"일주일 전에 어떤 분을 인터뷰했는데, 솔직히 미인대회 출신이라고 믿기 어려운 외모를 가지고 있더군요. 그런데 각종 경력이 장난이 아니더군요. 전 그 분을 만나고 우리나라 미인대회에 대한 생각이 바뀌었어요."

"어떻게요?"

"외모보다 잠재력을 더 중시하는 미인대회 문화도 분명 있다고요."

"작가님, 저는 좀 다르게 생각하는데요."

"어떤 면에서요?"

"작가님 00기업 아시죠?"

"우리나라에서 그 기업을 모르는 사람도 있을까요?"

"걔네 집에서 그 기업 갖고 있어요."

"그럼, 돈으로 그 타이틀을 샀다는 이야기?"

"거기까지는 작가님이 알아보셔야죠."

이런 식의 대화가 십수 차례 있었어. 덕분에 난 그녀들의 빛과 그림자를 동시에 볼 수 있었지. 한편으로 난 그녀들을 입체적으로 이해하기 위해서 그녀들의 부모, 친구, 남자친구를 만나서 이야기를 들어 보았어. 그녀들과 사귀다가 헤어진 남자도 만나 보았고, 그녀들과 결혼했다가 이혼한 남자도 만났어. 그녀들이 참여했던 대회의 관계자들은 물론이고 그녀들의 헤어와 메이크업 등을 담당한 사람들과 그녀들이 머물렀던 합숙소의 스태프도 만나 보았어. 그 모든 인터뷰와 조사를 끝내고 났을 때 난 이렇게 혼잣말을 했던 기억이 나. "미인학美人學에 관한 책을 한 권 써도 되겠다!" 다음은 내가 직접 보고 들은 이야기야.

episode 1

그녀는 고등학교 1학년 때부터 체계적으로 미인대회를 준비했어. 이유는 간단했어. 미인으로 인정받아야만 대한민국에서 잘나갈 수 있다는 그 이야기를 그녀는 철저하게 믿었어. 그녀는 20대 초반에 우리나라에서 규모가 가장 큰 두 개의 미인대회에서 입상했어. 우리는 이런 대화를 나누었어.

"첫 번째 미인대회에서 1등을 했잖아요. 기분이 어땠어요?"

"이제 곧 왕자님을 만나겠구나, 그런 기대에 들떠 있었죠.(웃음)"

"그땐 어렸을 때니까 당연히 그런 기대를 할 수밖에 없죠. 이해합니다. 그런데 실제로 왕자님을 만났나요?"

"왕자는커녕 귀족조차 못 만났어요."

"그래서 어떻게 했나요?"

"더 규모가 큰 미인대회를 본격적으로 준비했어요."

"그 대회에서도 3위 안에 드는 저력을 발휘하셨어요. 어땠나요? 왕자나 귀족이 나타났나요?"

"그랬다면 제가 지금 이렇게 살고 있겠어요?"

"왜 전공인 모델 일은 안 하시고 헬스클럽에서 아르바이트 강사 일을 하고 계시나요?"

"모델 일이 들어와야 말이죠."

"충격이네요. 그렇게 큰 대회에서 우승까지 하셨는데."

"지금까지 무대에 열 번도 못 서 봤어요. 돈은 한 푼도 못 벌었고요. 고등학교 때부터 그렇게 열심히 준비했는데, 지금은 너무 후회돼요. 이 세계가 이럴 줄 정말 몰랐거든요. 차라리 공부를 열심히 할 걸 그랬어요."

"그래도 아직 20대 중반이니까 앞으로 왕자님을 만날 수도 있지 않을까요? 그럼 인생이 확 바뀔 수도 있잖아요."

"오래전에 포기했어요. 그게 무조건 예쁘다고 되는 게 아니라는 걸 깨달았거든요. 제 친구 중에 지방 재벌과 결혼한 애가 있는데 정말 평범하게 생겼어요. 집도 평범하고요. 잘난 남자를 만나기 위해 미인대회에 출전하고 그러는 거 정말 잘못된 생각인 것 같아요. 저 후회해요."

"그래도 새로운 일을 시작하셨으니까 힘내세요. 다 잘될 거예요."

"네, 저도 그렇게 믿고 있어요. 이제 진짜로 정신 차렸으니까요. 여기서 성공해서 꼭 여성 전용 헬스클럽을 크게 차릴 거예요."

episode 2

그녀는 30대 초반이야. 20대 중반에 한 미인대회에서 1등을 했어. 그저 앉아 있는 것만으로도 주위가 환해지는 미모를 가진 그녀는 우울증에 걸려 있어. 우린 이런 대화를 나누었어.

"왜 그렇게 자신의 20대를 부정적으로 말하시죠? 어떤 여자보다 화려한 삶이었다고 생각되는데요?"

"겉만 화려하면 뭐해요? 매일 속이 썩어 들어가고 있었는데."

"왜요?"

"모두가 제 타이틀에만 관심 있었으니까요. 그게 없으면 전 아무것도 아니었으니까요."

"남자들에게 대시도 엄청 받으셨을 것 같아요."

"정말 별 볼일 없는 남자들에게 엄청 받았죠. 하지만 전 재벌을 만나고 싶었어요. 실제로 재벌을 만나기도 했어요. 그런데 그들은 저랑 놀고 싶어했을 뿐 저와의 결혼은 안중에도 없었어요."

"왜 그랬을까요?"

"재벌은 재벌하고 결혼해요. 제 지인들은 대부분 미인대회 출신입니다. 수십 명이죠. 그 아이들 중에 재벌하고 결혼한 사람은 아무도 없어요."

"그 수십 명 중에 가장 결혼을 잘 한 사람은 누군가요?"

"두 명 있어요. 그런데 둘 다 이혼남에게 시집갔죠. 그중 한 남자는 세 번째 결혼이었고요."

"그 이혼남은 재벌인가요?"

"그냥 하급 재벌 2세죠."

"그때 기분이 어땠나요?"

"부러웠어요."

"네?"

"너무 부러웠어요."

"지금은 어떤 남자를 바라고 있나요?"

"재벌을 만날 거예요. 전 여지껏 연애다운 연애 한 번 못해 봤어요. 다 재벌하고 결혼하겠다는 목적 때문이었어요."

"이해가 잘 안 되는데요."

"재벌집이 얼마나 무서운데요. 과거에 어떤 남자를 얼마나 오래 사귀었다는 것쯤은 금방 알아내요. 전 흠 잡힌 채로 시집가고 싶지 않았어요. 그래서 지금도 제 자신을 늘 점검하고 경계해요."

"제게는 너무 어려운 이야기군요."

"제게는 인생이 걸린 이야기예요."

episode 3

그녀는 20대 초반에 우리나라 최대 규모의 미인대회에서 큰 성적을 거뒀어. 20대 후반인 지금은 한 중소기업에서 인턴으로 일하고 있어. 그녀는 나를 만난 자리에서 미인대회 출신이라서 힘들다는 말을 참 많이 했어. 그녀의 말을 한 번 들어볼까.

"제가 입사 첫날부터 지금까지 늘 듣는 말이 있어요. 미인대회 출신이 화장이 그게 뭐야, 옷이 그게 뭐야, 신발이 그게 뭐야, 말투가 그게 뭐야, 걸음걸이가 그게 뭐야……."

"외모적인 면에서의 완벽함을 기대한다는 말인가요?"

"네. 전 그게 너무 힘들어요. 왜 제가 회사에 와서까지 미인대회 분위기로 살아야 하는지 이해를 못하겠어요. 전요, 회사에서 코도 마음대로 못 풀어요. 화장실도 잘 못 가고요."

"왜요?"

"뒤에서 흉을 보니까요. '아까 걔 코 푸는 거 봤니? 진짜 깨더

라!' 이러면서요."

이 말을 마친 뒤 그녀는 갑자기 노트를 꺼내더니 '작가님, 만나서 너무 반갑습니다. 책 정말 잘 읽었어요!' 라고 썼어. 그녀의 글씨는 거의 펜글씨 교본 수준이었어. 내가 "글씨 진짜 잘 쓰시네요!"라고 하니까 그녀는 이렇게 말했어.

"제가 펜글씨 교본만 열 권 넘게 썼어요. 왜 그런지 아세요?"

"잘 모르겠는데요."

"제 글씨가 좀 악필이었거든요. 입사 초기에 제 글씨를 보고 회사 사람들이 그러는 거예요. 제가 외모만 신경 쓰느라 공부를 안 해서 글씨를 못 쓴다고요. 기가 막혀서 이를 악물고 펜글씨 공부를 했어요."

"회사에서 그런 식의 대접을 얼마나 자주 받나요?"

"일상이죠."

"그렇게 힘든데 왜 회사를 다니나요? 설마 돈 때문에 그러시는 것은 아닐 테고."

"저도 다니기 싫죠. 압구정동이나 청담동에서 놀던 옛날로 돌아가고 싶죠. 그런데 부모님이 은퇴하시고 자금관리를 잘 못하셔서 집이 많이 어려워졌어요. 물론 지금도 충분히 부자라는 소리는 듣고 살아요. 하지만 부모님은 두려우신가 봐요. 그 불똥이 저한테 튀었죠. 자동차와 신용카드를 압수하시더라고요. 그 뒤로 용돈을 안 주세요."

"여자가 사회에서 성공하거나 좋은 남자를 만나려면 일단 얼굴이 예쁘고 봐야 한다는 식의 말을 어떻게 생각하세요?"

"그 말이 제발 제게도 해당이 되었으면 좋겠네요. 전 그냥 힘들기만 해요."

episode 4

역시 우리나라 최대 규모의 미인대회에서 엄청난 실적을 거둔 사람의 이야기야. 20대 후반이고 백수야. 한 번 들어 봐.

"아까 언니 때문에 죽을 맛이라고 하셨는데 좀 자세히 말씀해 주세요."

"제가 대학 다닐 때 미인대회에서 큰 성적을 거두었잖아요. 그땐 언니가 저를 우러러봤어요. 당시엔 방송출연도 자주 했으니까요. 그런데 어느 날인가부터 언니가 저를 무시하기 시작했어요. 지금은요, 아예 바보 취급해요. 언니 때문에 자살까지 생각해 본 적이 있을 정도예요."

"왜 그런 일이 벌어졌을까요?"

"전 능력이 없잖아요. 대학 졸업하고 서른을 바라보는 지금껏 백수니까요. 언니는 대학을 졸업하자마자 취직했어요. 지금도 회사에서 잘 나가죠. 아, 생각해 보니까 언니가 회사에서 인정받기 시작하면서 절 대놓고 무시하기 시작했던 것 같아요."

"어떻게 무시하죠?"

"주로 말로 모욕을 줘요. 우리 회사 청소부 아줌마도 너처럼 안 산다느니, 미인대회에 쓴 돈만이라도 집에 돌려주고 시집가라느니, 뭐 그런 말을 자주 해요. 그런 말할 때 얼굴표정이 압권이죠. 절 벌레 보듯 해요."

"독립하시면 간단히 해결될 문제 같은데요. 아니면 결혼을 하시거나. 멋진 남자들이 줄 서 있을 것 같은데."

"돈이 있어야 독립을 하죠. 전 용돈도 언니한테 받아요. 언니가 부모님께 용돈 못 주게 한 지 오래됐어요. 그리고 멋진 남자는 단 한 명도 만나 본 적 없네요. 예쁜 여자가 좋은 남자를 만난다는 그 거짓말을 도대체 누가 지어냈죠? 제가 보기엔 평범한 여자들이 훨씬 연애도 잘하고 결혼도 잘하던데요."

"충격적인 말이네요."

"제가 출전했던 미인대회 친구들은 다 제 말에 동의하는데요."

"요즘은 어떻게 지내세요?"

"언니가 강아지를 새로 한 마리 샀는데 걔 뒤치다꺼리하다 보면 하루가 그냥 지나가요."

episode 5

그녀는 한 번씩 방송에 나와. 미인대회 타이틀은 몇 년 전에 땄어. 지역대회에서는 '진'이었고 전국대회에서는 5위 안에 들었어. 다음은 그녀와 나눈 대화 중 가장 인상적인 부분이야.

"솔직히 제가 만나 본 미인대회 출신 중에서 가장 예쁘신데, 밥 사 주겠다는 능력남들이 엄청 많을 것 같은데요."

"전 능력 있는 남자는 절대 안 믿어요. 당연히 만나지도 않아요."

"왜요?"

"많이 만나 보았으니까요."

"제가 인터뷰한 다른 미인대회 출신자들은 능력 있는 남자를 만나고 싶어도 만날 수 없었다고 하던데요. 어떤 특별한 비결이라도?"

"전 연예계 쪽에 발을 담그고 있었거든요. 실제로 기획사에 소속된 적도 있었고요. 미인대회 출신자에게 어울릴 정도로 능력 있는 남자들은 연예계 쪽에 있으면 아주 쉽게 만날 수 있어요. 저도 미인대회 타이틀을 따고 나니까 새로운 세계(?)가 열렸고요."

"도대체 능력남이라는 인간들이 뭘 어떻게 했나요?"

"그냥 저하고 하룻밤 어떻게 하고 싶어하더라고요. 한 명도 예외 없이 다 그랬어요. 한 번은 생각 없이 요트에 탔다가 성적 범죄의 희생양이 될 뻔하기도 했죠. 지금도 그때 생각하면 끔찍하기만 해요. 그 뒤로 남자관이 바뀌었어요. '능력 없어도 여자를 존중하고 마음이 진실된 남자가 최고다!'로요. 그런데 그런 남자 찾기가 정말 쉽지 않네요."

episode 6

그녀는 우리나라 최대 규모의 모델대회에서 3위 안에 든 경력을 가지고 있어. 20대 초반엔 유럽 무대에 서 본 적도 있어. 나는 그녀와 이런 대화를 나누었어.

"왜 요즘은 모델 일을 안 하시죠? 아직 20대 후반이잖아요."

"돈이 안 되니까요. 제가 너무 직설적인가요?(웃음) 어렸을 때부터 그토록 바라던 모델 일을 하게 됐는데 참 돈이 안 벌리더라고요. 한창 큰 무대 섰을 때도 이것저것 빼고 나면 한 달에 200만 원 이상 벌었던 적이 없는 것 같아요. 모델 일만 5년 넘게 했는데 한 달에 순수하게 100만 원 이상 벌어 본 적이 거의 없는 것 같네요."

"충격이네요. 겉보기엔 그렇게 화려하게 보이는데."

"그러게요.(웃음)"

"남자친구가 편의점에서 아르바이트를 한다고 했는데, 최고 모델이 88만 원 세대와 사귄다. 개인적으로 너무 아름다운 것 같아요."

"제 남자친구는 원래 가수였어요. 한때 홍대 쪽에서 랩퍼로 유명했죠. 공중파엔 몇 번 안 나갔지만."

"그런데 어쩌다?"

"뜨지 못했잖아요.(웃음) 랩을 해서 돈을 벌 수 없는데 어떡해요."

"지금 주업으로 하시는 옷가게는 잘 되나요?"

"폐업 준비 중입니다. 남자친구는 서른셋에 편의점 알바하고 있고, 저는 손바닥만 한 매장 관리 하나 못해서 폐업 앞두고 있고. 우울하네요. 20대 중반까지만 해도 남자친구나 저나 참 당당했는데. 언제부터인가 세상이 무서워요."

"모델이나 연예인에 대해 환상을 가지고 있는 20대에게 한마디 해 주신다면?"

"절대로 그쪽 세계에 발을 들여놓지 마세요. 처음엔 행복하겠지만 점점 그 행복이 깨져 나갈 것입니다. 그리고 어느 날엔 망가져 있는 자신을 발견하게 될 거예요."

"너무 극단적인 말씀 아닌가요?"

"뜨지 못한 대다수의 모델과 연예인의 현실을 말씀드린 것뿐이에요."

내가 만난 60여 명의 공식적인 미인들은 대부분 앞의 6가지 사례 중 하나와 비슷한 삶을 살고 있었어. 그녀들의 리얼 토크는 내게 충격이었어. 난 그녀들이 여자로서 누릴 수 있는 최고의 삶을 살고 있을 거라 믿어 의심치 않았거든. 백마 탄 왕자님은 덤으로 만나고 있을 거라고 생각했고. 하지만 그녀들의 삶은 내 예상과는 180도 달랐어.

물론 모든 미인대회 출신자와 모델대회 출신자가 위의 사례처럼 살고 있지는 않아. 나름대로 당당하게 자신의 인생을 개척해 나가고 있는 여자도 제법 있고, 정말 좋은 남자와 진실하게 사랑하고 있는 여자도 있어.

하지만 안타깝게도 내가 인터뷰한 사람 중엔 그런 여자가 없었어. 그래서 난 이름만 대면 알 만한 미인대회 출신자들에게 이렇게 여러 번 인터뷰 요청을 했어.

"내가 당신과 비슷한 대회를 치른 사람 60여 명을 만나 보았더니 이러이러하더라. 하지만 당신은 그녀들과는 다른 삶을 살고 있는 것 같으니 시간을 내줄 수 없겠냐. 비록 당신 같은 사례가 소수긴 하지만 독자들에게 알리고 싶다. 그래야 독자들도 미인대회 출신자의 삶을 입체적으로 바라볼 수 있을 것이다. 당신이 출전한 대회의 명예를 위해서라도 인터뷰에 꼭 응해 주었으면 좋겠다."

그런데 그녀들은 하나같이 내 인터뷰 요청에 응하지 않았어. 이유는 모르겠어. 알고 싶지도 않고.

미인대회 출신자들과 사귀다가 헤어졌거나 결혼했다가 이혼한 경우, 그녀들의 부모님이 들려주는 이야기 등은 여기에 쓰지 않았어. 그 누구에게도 도움이 되지 않는 이야기라고 판단했거든. 나와 개인적인 친분이 있는 미인대회 출신자의 이야기도 적지 않았어. 그녀들을 객관적으로 바라보기 힘들었거든.

내가 마지막으로 하고 싶은 말은 이거야.

"대한민국 최고 미녀로 공식적인 인정을 받으면 모두가 선망하는 남자를 만나기도 하고 사회적으로 잘 나갈 수도 있다. 이건 엄연한 사실이다. 하지만 그렇지 못한 미인들이 압도적으로 많다는 것 또한 부인할 수 없는 사실이다. 쉽게 말해서, 여자가, 사회적으로 성공하거나 멋진 남자를 만나기 위해서, 지금보다 더 예뻐져야 할 필요는 없다."

그녀, 진실의 증거

그녀는, 나를 만난 자리에서 부드럽지만 확신에 찬 어조로 말했어.

"외모는 중요하지 않아요. 내면이 중요해요. 여자가 당당하고 자신감 있게 세상을 살아가면 남자들이 거기에 큰 매력을 느끼는 것 같아요."

난 이렇게 물었어.

"하지만 20대 여자들은 대부분 그렇게 생각하지 않는 것 같아요. 성형을 해서라도 예뻐지기만 하면 멋진 남자를 만날 수 있다고 믿고 있는 것 같아요. 여기에 대해서는 어떻게 생각하시나요?"

그녀가 대답했어.

"저도 한때 그렇게 생각했어요. 물론 여자의 외모만 보는 남자도 있어요. 하지만 생각해 보세요. 그런 남자하고 어떻게 인생을 함께할 수 있겠어요. 여자의 내면의 아름다움을 볼 줄 알고 사랑할 줄 아는 남자를 만나는 게 옳지 않을까요?"

난 고개를 크게 끄덕이면서 맞장구를 쳤어.

"맞아요. 그게 바로 사랑이죠. 사실 세상에는 여자의 외모보다는 내면을 더 중요시하는 남자도 많은데, 그리고 그런 남자를 만나야 행복한데, 여자들은 그 간단한 진실을 왜 보지 못하는 걸까요?"

그녀가 환하게 웃으면서 대답했어.

"그래서 제가 있는 거잖아요. 제가 바로 증거니까."

도대체 그녀는 어떤 여자이기에 이런 말을 할 수 있는 걸까?

내가 이효진을 알게 된 것은 『네 약함을 자랑하라』(규장)라는 책을 통해서야.

어느 날 서점에 갔더니 기독교 신간 코너에 그녀의 책이 떡하니 놓여 있더라고. 처음엔 충격이었어. 그녀의 얼굴을 보고 충격을 받았다는 이야기는 아냐. 난 그보다 더한 사례도 본 적 있으니까. 내가 충격을 받은 것은 그녀의 당당한 자신감이었어.

좋은 남자를 만나기 위해서 지금보다 더 예뻐질 필요는 없어.
지금보다 더 날씬해질 필요도, 지금보다 더 화려한 옷을 입을 필요도 없어.
다만 지금보다 더 당당해지고 지혜로워지면 되는 거야.

화상의 흔적이 고스란히 남은 자신의 얼굴을 어떻게 책 표지에 실을 수 있는지. 그래, 그것은 아름다운 충격이었어. 보는 사람의 영혼에 느낌표를 찍는.

　내가 그녀를 만났을 때, 그녀는 결혼식을 하루 앞두고 있었어. 그녀의 사무실은 그녀의 결혼을 축하하는 사람들로 북적이고 있었지. 올해 서른일곱인 그녀는 작년에 여섯 살 연하의 남자와 결혼했어. 남자는 그녀에게 첫눈에 반했어. 그리고 그녀와 평생을 함께하기로 결심했어. 하지만 그녀는 남자가 자신보다 여섯 살이나 어리다는 사실이 부담스러웠어. 그래서 거절했어. 남자는 결심을 굽히지 않았어. 전보다 더 치열하게 그녀에게 사랑을 호소했어. 그리고 마침내 그녀의 사랑을 얻었어.

　그녀는 치유 집회로 유명한 손기철 장로의 모임에 참석했다가 성령 세례를 받았다고 해. 그리고 살아 계신 예수 그리스도와 인격적인 만남을 가졌다고 해. 그 뒤로 그녀는 자신의 약함, 그러니까 화상으로 일그러진 얼굴을 오히려 자랑할 수 있었다고 해. 기적은 그때부터 일어났어. 갑자기 그녀에게 사랑을 고백하는 남자들이 나타나기 시작한 거야. 한둘이 아니었어. 수십 수백 명이 나타났어. 그녀는 그들 중 자신에게 가장 진실된 한 남자를 선택했고, 결혼했어.

어때? 이제 좀 인정할 마음이 생기니? 세상에는 여자의 내면을 더 중요시하는 남자도 많다는 사실을 말이야.

좋은 남자를 만나기 위해서 지금보다 더 예뻐질 필요는 없어.

지금보다 더 날씬해질 필요도, 지금보다 더 화려한 옷을 입을 필요도 없어.

다만 지금보다 더 당당해지고 지혜로워지면 되는 거야.

진짜 뛰어난 남자와 사귀고 결혼한 여자들은 대부분 평범한 외모를 지녔어. 믿기지 않는다고? 그럼 이번 달 여성 잡지를 한번 펼쳐 봐. 정치, 문화, 사회, 경제, 경영, 법률, 행정, 교육 등 각 분야의 남자 리더를 다룬 인터뷰 기사가 하나 이상 있을 거야. 그리고 그 기사에는 사진이 딸려 있을 거야. 인터뷰이가 아내와 환하게 웃고 있는. 아마도 그녀는 미인이 아닐 거야. 미인 대회 출신이나 전직 모델 따위는 더더욱 아닐 거고.

여기서 한 발짝 더 나가 볼까? 근처 도서관에 가서 잡지 과월호 열람 신청을 해봐. 그 지난 잡지가 다루고 있는 진짜 리더들의 인터뷰 기사와 그들이 아내와 함께 찍은 사진을 봐봐. 그럼 넌 깨닫게 될 거야. 세상의 또 다른 진실, 즉 진짜 뛰어난 남자들은 미녀와 결혼하는 경우가 그리 많지 않다는.

그렇다면 진짜 리더들은 도대체 어떤 여자와 결혼할까? 난 네가 스스로 답을 찾았으면 좋겠어. 내가 숙제를 낼게. 진짜 뛰어난 남자들과 결혼한 여자들의 공통점을 한 번 조사해 봐. 그녀들이 어떤 사고방식을 가지고 있는지, 어떤 내면적 아름다움을 지니고 있는지, 어떤 지혜와 지식을 가지고 있는지, 특히 20대에 어떻게 살았는지. 인터뷰 기사를 분석하는 것은 기본이고, 직접 그녀들을 만나서 물어봐. 그녀들은 어떻게 만날 수 있냐고? 그 방법은 네가 찾는 거야. 넌 어른이니까.

학점과 영어성적에 연연하지마

고등학교 때 기억나? 대학만 들어가면 지상낙원이 펼쳐질 것 같았던, 그날의 순진했던 믿음이 떠올라?

난 20대 여자들을 만나서 대화를 나눌 때마다 순진한 여고생을 보는 것 같아. 에이플러스로 도배된 성적표를 받는다면, 영어를 미국인처럼 잘하는 사람이 된다면, 좋은 회사에 취직한다면 괜찮을 거라고 생각하는. 아니 그걸 20대의 인생 목표로 삼고 있는.

에이플러스로 도배된 성적표는 비유하면 운전면허시험 100점 만점 받은 거야. 운전면허시험에서 수석 합격했다고 벤츠나 렉서스가 생기지는 않아. 대학성적 또한 마찬가지야. 4년 전액 장학금을 받을 정도로 공부를 잘했다고 해서 사회에서 성공할 수 있는 것은 아냐.

영어를 잘하거나 좋은 회사에 취직하는 것도 마찬가지야. 만일 이 두 가지가 사회에서 성공하는 데 큰 도움이 된다면 영어학원 강사와 대기업 샐러리맨은 모두 성공의 가도를 달리고 있을 거야. 하지만 현실은 전혀 그렇지 않지. 내가 말하고 싶은 요지는 이거야.

"좋은 학점, 영어 실력, 괜찮은 회사 취직은 그저 사회에서 살아가기 위한 기본적인 요소에 불과하니까, 네 마음의 시야를 이 세 가지에 한정시키는 어리석음을 범하지 말 것."

내 멘티 중에 황희철이라는 사람이 있어. 『꿈꾸는 다락방-스페셜 에디션』을 읽은 사람에

황희철 카페
http://cafe.naver.com/insumoa

게는 익숙한 이름일 거야. 이 친구는 놀랍게도 대학 4년 평점 평균이 1.0대야. 덕분에 별 볼일 없는 회사에 들어가서 비정규직으로 사회생활을 시작했어. 그때 연봉이 800만 원이었다고 해. 영어는 뭐 전혀 못했고.

내가 한 대학교 특강에 가서 물어본 적이 있어.

"20대이다. 방송통신대학을 졸업했다. 평점평균이 1.0이다. 중소기업에 비정규직으로 취업했다. 연봉이 800만 원이다. 영어는 전혀 못한다. 이 사람은 어떤 30대를 맞이할 것 같은가?"

이구동성으로 말하더군.

"실업자요! 노숙자요!"

어떤 학생은 이런 말을 하기도 했어.

"실패하고 자살할 것 같아요."

나는 싱긋 웃고는 이렇게 말해 줬어.

"어쩌죠? 그 사람은 20대 후반에 억대 연봉을 돌파했고, 30대 중반인 지금은 연매출 10억 원대에 달하는 기업을 운영하는 CEO가 되었는데요. 제가 어제 그 친구와 밥을 먹었는데요. 내년에 중국 진출을 하느냐 마느냐로 고민하고 있더군요."

순간 적막이 강의장을 휩쓸었어. 학생들의 그 얼빠진 듯한 얼굴표정이란.

내가 말하고 싶은 것은 이거야.

"사회에서 성공하는 법은 따로 있어."

앞에서 말한 황희철은 물론이고 세상의 모든 성공한 사람은 스펙이 좋아서, 취직을 잘해서 성공했던 게 아냐. 그들은 성공하는 법을 알았기 때문에 성공한 거야.

난 단언하고 싶어.

네가 20대에 진정으로 배워야 할 것은 성공하는 법이라고.

힘을 갖는다는 것은 결국 성공한다는 것을 의미하니까.

재클린과 힐러리가 최고의 여성이 될 수 있었던 진짜 이유

20세기 이후에 세계를 뒤흔든 두 명의 여자가 있어. 재클린 케네디와 힐러리 클린턴이야. 두 사람은 20대 시절 킹카들의 숭배를 받았다는 공통점이 있어. 그런데 놀랍게도 두 사람의 외모는 남자들의 관심을 끌 만한 수준이 아니었어.

힐러리는 20대 시절 자신을 못생기게 보이기 위해 노력하는 여자 같았어. 일례로 대학시절 한 달씩 감지 않은 듯한 머리를 하고 다녔는데 그것도 고무줄 같은 걸로 그냥 동여매고 다녔어. 화장은 아예 하지 않았고.

재클린은 사각턱에 주근깨 투성이었어. 전형적인 백인 미녀와는 거리가 한참 멀었지. 옷도 수수하게 입는 것으로 유명했어. 상류사회 여성들은 파티에 참석할 때 남들보다 더 화려한 드레스를 입지 못해 안달하잖아. 그런데 재클린은 민소매 차림으로 파티에 참석하곤 했지.

하지만 그럼에도 불구하고 두 사람은 언제나 킹카들에게 둘러싸여 있었고, 미국 최고 신랑감의 열렬한 구애를 받았고, 미국 최고의 남자와 결혼했어.

비결은 간단해.

두 사람에게는 능력이 있었어.

그저 좀 잘난 남자에 불과한 사람을 위대한 리더로 변화시키는 힘이 있었어.

힐러리와 재클린은 20대 시절에 치열하게 자신을 단련했어. 화장품이나 옷보다는 책에 미쳐 있었고, 드라마나 연예인보다는 실제 사회의 흐름과 세상을 이끌어 가는 리더에게 관심을 기울였어.

그 결과 엄청난 지혜와 지식을 축적할 수 있었어. 존 F. 케네디와 빌 클린턴은 그 지혜와 지식에 눈이 멀었던 거야.

남자들의 인기를 얻고자 외모 꾸미기에 열중한 나머지 지혜와 지식을 쌓을 시간조차 내지 못하는 여자들을 보면 안타깝기만 해.

난 네가 20대의 10년을 함부로 낭비하지 않았으면 좋겠어.

그 시간은 절대로 다시 돌아오지 않으니까.

책을 보는 시간보다 거울 보는 시간이 더 많은 여자는 절대로 뛰어난 남자를 사로잡을 수 없다는 사실을 꼭 기억하길 바래.

미모로 승부하려는 네게

세상에서 가장 불쌍한 여자가 누구인지 아니?

미모로 승부하려는 20대 여자야.

물론 그녀는 앞으로 몇 년 동안은 외모로 승리할 수도 있어. 그녀는 지금 미모의 절정기에 도달해 있으니까. 하지만 피부 전문가들의 의견을 참고해서 말하면, 그녀는 스물일곱부터 실패의 길로 들어서게 될 거야. 그때부터 그녀는 스무 살, 스물한 살, 스물두 살, 스물세 살, 스물네 살, 스물다섯 살의 외모로 승부하려는 여자들하고 경쟁해야 될 테니까.

그녀가 서른이 되면, 그녀는 외모로 승부하는 여자들의 세계에서 어떤 위치를 차지하고 있을까?

외모로 승부한다는 것은 이처럼 허무한 거야.

네 나이가 스물다섯이라고 가정하고 말할게.

서른다섯인 여자가 너와 피부, 얼굴, 몸매, 섹시함 등으로 경쟁하려고 하면 넌 어떻게 생각하겠니?

그분을 너의 경쟁자로 생각하고 긴장하겠니, 아니면 그냥 웃고 넘기겠니?

이제 역으로 한 번 생각해 볼까?

네가 한 잘나가는 기업을 경영하는 서른다섯인 여자와 능력으로 경쟁하려고 하면 그녀는 널 어떻게 생각할까? 널 경쟁자로 느끼고 긴장하겠니, 아니면 그냥 피식 웃고 말겠니?

서른다섯 살에 넌 어떤 여자가 되어 있을까?

20대 여자 아이들이 "제발 저 좀 제자로 받아 주세요!"라며 열광하는 여자가 되어 있을까? 아니면 그녀들이 그냥 "아.줌.마!"라고 부르는 여자가 되어 있을까?

능력 있는 남자는 동아줄이 아니다

대학교 1학년 때부터 사회에서 잘나가는 남자를 잡으려고 혈안이 되어 있는 사람이 주변에 제법 있지? 그리고 실제로 그런 남자와 사귀는 여자도 있지? 최근에 한 여자 대학교 학생 10여 명과 이야기를 나누었는데 여러 명이 그러더군. 잘난 남자 만나기에 목숨 거는 동기들에게 받는 스트레스가 이만저만이 아니라고. 참, 그중 한 명이 제법 인상적인 이야기를 했어. 한 번 들어 볼래?

"전 요즘 굉장히 혼란스럽습니다. 1학년 때 저의 롤모델은 도서관에 틀어박혀 사는 선배들이었습니다. 공부에 젊음을 불사르는 청춘, 생각만 해도 가슴이 설렛습니다. 그런데 그렇게 열심히 공부하던 언니들이 막상 남자들에게 인기가 없다는 사실을 발견했습니다. 게다가 취직도 못하더군요.

전 큰 충격을 받았습니다. 그 선배들은 저의 영웅이었기 때문에 취직은 기본이고 왕자는 아니더라도 백마 탄 기사 정도는 만날 수 있을 거라고 믿었거든요.

제가 경멸했던 선배들이 있습니다. 그 언니들은 공부는 뒷전이었습니다. 그다지 예쁘지도 않으면서 늘 외모를 꾸미는 데 열중했는데 목적은 능력 있는 남자를 만나는 것이었습니다.

저는 그런 언니들을 비웃었습니다. 능력 있는 남자들이 얼마나 똑똑한데 당신들 같은 머리 빈 여자를 만나겠느냐, 그렇다고 얼굴이 예쁜 것도 아니지 않느냐, 이렇게 생각했습니다. 하지만 현실은 달랐습니다. 일례로 도서관에서 치열하게 공부한 언니들이 동네 분식집에서 홀로 김밥을 먹을 때 외모 꾸미기에 열중했던 언니들은 압구정동에서 남자친구와 스테이크를 먹습니다. 이제 3학년을 앞두고 있는 지금, 저는 책 대신 화장품과 예쁜 옷을 사야 하는 게 아닌가, 학교 수업 대신 메이크업 특강을 듣는 데 열을 올려야 하는 게 아닌가 하는 생각에 머리가 아플 지경입니다. 저는 어떻게 해야 할까요?"

그날 나와의 미팅에 참여했던 아이들은 공감한다는 얼굴로 고개를 연신 끄덕였어.

이제 내 의견을 말해 볼게.

내가 보니까 스무 살 여자의 발 앞에는 두 갈래의 길이 놓여 있는 것 같아. 한쪽은 여자의 길이고 다른 한쪽은 학생의 길이라고나 할까. 의식적이든 무의식적이든 여자들은 모두 둘 중 하나를 선택해. 너도 이미 선택했을 거야.

만일 네가 여자의 길을 선택했다면 넌 능력 있는 남자를 만나

기 위해 온갖 노력을 다 하고 있겠지. 아마도 네 방 안에는 비싼 화장품과 예쁜 옷이 쌓여 있다시피 할 거야. 또 만일 네가 학생의 길을 선택했다면 넌 학교 도서관에 머물러 있는 시간이 무척 많을 거야. 네 방에는 책과 노트가 가득할 거야.

물론 가장 좋은 길은 여자의 길과 학생의 길을 함께 걷는 거고 그보다 더 좋은 것은 학생의 길을 걷고 있는데 어느 날 갑자기 왕자님이 떡하니 나타나는 거겠지만, 그건 극히 소수의 이야기니까 여기서 다루지 않기로 해.

난 말이지. 학생의 길과 여자의 길 둘 다 실패로 향하는 길이라고 생각해. 학생의 길을 열심히 걷는 게 취직이나 성공과는 큰 상관이 없다는 사실은 너도 어느 정도 알고 있으리라 생각하기에 여기에 대해서는 말하지 않을게. 그럼 능력 있는 남자를 만나는 것을 목적으로 하는 길을 걷는 것에 대해 말하고 싶어.

20대 여자들에게 물어보니까 대기업에 취업한 20대 후반 또는 30대 초반의 남자를 능력 있는 남자라고 생각한다는 대답이 일반적이더군. 맞아, 일부 특수한 경우를 제외하고는 남자들은 대부분 기업에 취직하는데 그중에서도 엘리트들이 소위 삼성, 엘지 같은 대기업에 취업하지.

그런데 말이야. 삼성, 엘지 같은 대기업에 취업한 남자 100명 중 90명이 38세가 되기 전에 회사를 나온다고 해. 쉽게 말해서 생존경쟁에서 실패한 거지. 그럼 살아남은 10명은 어떻게 될까? 또 생존경쟁을 해야 해. 10명 중 9명이 45세가 되기 전에 회사를 나오고 단 1명만 살아남는다고 해. 물론 그 1명도 50세 이후까지 대기업에 남아 있을 확률이 10퍼센트도 안 된다고 하더군.

대기업의 생존경쟁을 좀 극단적으로 바라보는 사람들은 대기업 신입사원 100명 중 99명이 38세가 되기 전에 회사에서 나오고, 그 남은 1명들이 모여 100명을 이룬다고 할 때 그중 1명을 제외한 99명이 45세가 되기 전에 회사를 나오고, 그 남은 1명들이 모여 100명 이룬다고 할 때 그 100명 중 단 1명만이 50세 이후에도 회사에서 살아남는다, 이렇게 말하고 있어.

대기업의 생존경쟁에서 밀려 사회로 나간 사람의 90퍼센트 이상이 자영업, 즉 자기 가게를 낸다고 해. 그런데 그중 67퍼센트 정도가 회사생활을 할 때보다 훨씬 못한 처지로 떨어진다고 하더군. 32퍼센트 정도는 퇴사 전과 비슷한 생활을 유지하고, 단 1퍼센트 만이 퇴사 전보다 나은 수입을 얻는다고 해.

우리나라의 중산층이 급격히 사라지고 대신 서민층과 빈민층이 갈수록 많아지는 현실은 어쩌면 이런 데서 기인하는 게 아닐까 싶어.

20대의 푸르름으로 가득 차야 할 네게, 세상에 대한 환상에 취해 살기에도 부족할 나이의 네게 이런 무거운 이야기만 해서 미안해. 하지만 세상 돌아가는 게 보통 무서운 게 아니니, 알 건 알아야 하지 않겠니? 물론 앞의 이야기가 100퍼센트 현실이 아닐 수도 있어. 좀 과장된 이야기일 수도 있어. 하지만 상당 부분 현실인 건 사실이야. 나도 많이 보았거든. 대기업에 취업했다고 좋아하던 남자 애가 몇 년 뒤에 보니까 회사에서 잘려서 고시원 들어가 공부하고 있고, 공기업에 취업했다고 한턱 냈던 남자 애는 몇 년 뒤에 보니까 한 중소기업에서 비정규직으로 일하고 있고…….

내가 말하고 싶은 요지는 이거야.

"능력 있는 남자를 만나는 것을 목적으로 하는 여자는 실패할 수밖에 없다. 20대 여자의 눈에 보기에 능력 있는 남자는 오래지 않아 무능력한 남자로 전락할 수밖에 없는 사회구조 때문이다."

능력 있는 남자를 만나려고 노력하는 것은 나쁜 일이 아니야. 그것은 여자로서 당연한 일이라고 할 수 있어. 하지만 말이야. 단지 능력 있는 남자를 만나서 편안하게 살려는 게 목적이라면,

네 마음 깊숙한 곳에 그런 욕망이 조금이라도 있다면 그건 현명하지 못한 일이라고 말하고 싶어.

재벌가에 시집가고 싶다고?

최근에 만난 한 언니로부터 들은 이야기를 해 줄게. 그녀는 30대인데 좋은 직장에 다니고 있어. 그런데 그녀의 친구들이 좀 화려해. 우리나라 최고 재벌 가문 딸들이거든.

솔직히 말해서 우리는 재벌을 부러워하잖아. 20대 여자들은 재벌 2, 3세와 결혼하는 환상을 한번쯤은 품고. 오죽하면 드라마 단골 소재가 평범한 20대 여자가 재벌가 아들을 만나 사귀는 것이겠니.

그런데 재벌 가문의 딸로 산다는 게 쉬운 일은 아닌가 봐. 그녀의 말에 따르면 재벌가의 딸들은 대부분 심한 우울증에 걸려 있다고 하니까. 놀랍게도 그녀의 고등학교 단짝 친구는 우울증을 견디다 못해 자살했다고 해. 참고로 그녀 역시 오랜 시간 우울증으로 고생했는데, 성경을 읽다가 예수님을 만나고 기적적으로 치유되었다고 해. 현재 그녀는 마리아처럼 살고 있어.

우울증과 자살, 재벌가 딸만의 이야기겠니? 당연히 아들의 이야기이기도 하지. 몇 달 전에도 재벌가문의 남자가 우울증을 이기지 못하고 투신자살했다는 소식이 매스컴을 도배하다시피 했지. 부인과는 10년째 별거 중이었다고 하더군.

넌 평범한 성품을 가진 사람이지? 아무 이유도 없이 너의 왼쪽 뺨을 때리는 사람에게 천사 같은 얼굴로 "당신의 맘이 풀릴 수 있다면 제 오른쪽 뺨도 때려 주세요!"라며 매달리는 그런 스타일은 아니지? 그렇다면 이런 예측을 해볼 수 있겠네.

첫째, 네가 재벌가에서 태어났다면 십중팔구 심한 우울증에 걸렸을 거야.

둘째, 네가 재벌가에 시집간다면 남편의 우울증을 견디지 못하고 뭔가 무서운 사고를 치게 될 거야.

물론 내 예측이 틀릴 수도 있으니까 너무 심각하게 듣진 마.

내가 하고 싶은 이야기는 이거야.

"네가 재벌가에서 태어나지 않은 것, 재벌가 사람과 결혼하지 못하는 것은 어쩌면 가장 큰 행운이자 축복일 수 있어."

넌 지금 네 인생에서 가장 빛나는 순간을 살고 있잖아. 그 멋진 삶의 순간에 고작 재벌 따위나 부러워하고 있으면, 재벌 집에서 널 데려가 주기를 꿈꾸고 있다면 그건 좀 불쌍하잖아. "우리 집이 부자라면, 재벌이라면"으로 시작되는 변명이나 늘어놓으면서 한탄하고 있다면 그건 좀 추하잖아. 네 가슴속에서 솟아오르는 20대의 뜨거운 피에게 부끄럽잖아.

난 네가 고개를 들고 어깨를 펴고 당당하게 삶을 개척해 나갔으면 해.

"내가 우리 집을 재벌 가문으로 만들면 되잖아. 그래서 가난하고 불쌍한 사람들 많이 도와주면 되잖아." 이런 정신으로 살았으면 해. 재벌가문을 부러워하는 여자가 아니라 재벌가문이 부러워하는 여자가 되기 위해 노력했으면 해. 그리고 30대에는 실제로 그런 여자가 되었으면 해. 그럼 약속하는 거야. 그런 여자가 되겠다고!

신데렐라의 진짜 결말

난 동화를 참 좋아해. 성남시 빈민가에서 자취했을 때 바비 인형이 여주인공으로 나오는 〈호두까기 인형〉

을 비디오로 빌려 보고 펑펑 운 적도 있어. 지금도 힘들 때면 종종 『피노키오』나 『피터팬』을 읽어.

초등학교 선생님을 했을 때 아이들과 동화를 자주 읽었어. 처음에는 단지 아이들을 위해서 그렇게 했는데 나도 모르게 그 세계에 깊이 빠져 들었어. 급기야 나중에는 동화와 현실의 경계가 모호해지는 지경에까지 이르게 되었지.

아직도 기억나. 이제 갓 3학년이 된 40여 명의 아이들을 처음 만났을 때가. 아이들이 오랜만에 친구들을 만났는데 얼마나 신났겠어. 선생님이 있든 없든 서로 수다 떨기에 바쁘지. 아이들 끼리는 소곤소곤일 수 있어. 하지만 40여 명의 소곤소곤이란 거의 시장바닥에 준하는 시끌벅적이거든. 결국 난 최후의 카드를 꺼냈어. 난 손나팔을 입에 대고 이렇게 외쳤지.

"청소도구함 옆에 피노키오 있다! 너희들 너무 떠들어서 피노키오가 울고 있다!"

그러자 팔십 여 개의 별이 일제히 청소도구함을 향했어. 이어 터져 나오는 아이들의 탄성!

"와, 진짜 있다!"

"피노키오다!"

"귀엽다!" 등등.

뒤이어 나온 말들.

"피노키오야 미안해. 이젠 안 떠들게. 그만 울어!"

"넌 울 때는 코가 안 커지는구나! 우리 이제 안 떠들 테니까 그만 울고 거짓말 좀 해봐!" 등등.

그때였던 것 같아. 내 정신의 일부분이 동화의 세계로 넘어간 시점이. 난 그 뒤로 교실이나 복도 또는 화단에서 피노키오나 피터팬을 목격하기 시작했어. 아이들을 하교시키고 교실에 홀로 남아 공문을 작성하다가 문득 이상한 기분이 들어 창밖을 바라보았더니 허공에 네버랜드로 가는 배가 떠 있었던 적도 있어. 믿기지 않는다고? 그래, 나도 믿기지 않아. 하지만 어쩌겠어. 난 분명 봤는데.

내가 가장 좋아하는 동화 중 하나가 신데렐라야. 난 신데렐라를 읽을 때마다 감탄해. 어쩌면 이렇게 아름답고 가슴 뛰는 이야기가 있을 수 있을까, 하고.

그런데 난 현실세계에서는 신데렐라가 존재하면 안 된다고 생각해. 그러면 치열하게 미래를 준비하는 여자들이 설자리가 없어지잖아. 여자는 언제까지나 남자에게 종속되어 살아야 하잖아. 그건 곧 봉건시대로 돌아간다는 이야기나 똑같은 거라고.

의외로 많은 여자들이 신데렐라가 되고 싶어하는 것 같아. 물론 신데렐라 현상은 현대에도 변함없이 나타나고 있어. 우리나라에도 신데렐라의 반열에 올랐던 여자들이 있잖아. 재벌가로 시집간 미스코리아나 연예인이 대표적이지. 그런데 현실의 신데렐라는 동화의 신데렐라와는 많이 다르더라고. 두 사람은 끝까지 행복하게 잘 살았습니다가 아니라 두 사람은 결국 이혼을 하고 말았습니다로 끝나는 경우가 많은 것을 보면.

넌 재벌가로 시집가고 싶다는 마음 따위는 갖고 있지 않을 거라고 생각해. 그런 정신을 가진 여자라면 내 책을 읽을 턱이 없으니까. 하지만 말이야. 만의 하나 무의식 속에라도 신데렐라를 부러워하는 마음이 있다면, 재벌가는 아니더라도 능력 있는 남자를 만나서 편하게 살고 싶다는 따위의 생각을 조금이라도 하고 있다면, 그 따위 마음은 불로 태워서 없애 버리길 바래.

현실은 동화가 아니니까.

세상은 만만하지 않으니까.

그리고 남자들은 바보가 아니니까.

난 말야. 네가 이런 여자가 되었으면 좋겠어.

누군가의 신데렐라가 되기보다는 누군가를 신데렐라로 만들어 주는 그런 능력을 가진 여자!

20대가 저지르면 안 될 가장 큰 죄악

나는 감히 말하고 싶어.

20대가 저지를 수 있는 가장 큰 죄악 중 하나는 부모님한테 용돈을 받는 거라고.

우리나라 20대는 좀 특이해. 아이비리그를 다니는 20대조차 자기 생활비는 자기가 벌어서 쓴다는데, 우리나라의 20대는 공부해야 한다는 핑계를 대고 도서관에만 들어 앉아 있거든.

그렇다고 아이비리그 학생보다 공부를 더 열심히 하거나 더 잘하는 것도 아니면서 말이지.

미안하다. 널 잠시 돌아보라고 일부러 쓴소리를 한 거야. 이해해 주길 바래. 난 말야. 네가 어린애가 아니라면 네 용돈 정도는 네가 벌어서 쓰길 바래. 아니 나는 진심으로 권하고 싶어. 다음 달부터는 부모님께 용돈을 드리는 사람이 되라고. 지난 20년 동안 부모님한테 용돈 많이 받았잖아. 이젠 네 키도 부모님보다 훨씬 클 텐데. 이제부터는 부모님께 용돈을 드리는 사람이 되면 어떻겠니?

20대에 자기 생활비는 자기가 벌어서 쓸 줄 알고, 부모님께 용돈까지 드리면서도 공부든 뭐든 최고로 잘해 내는 사람이 30

대에 부모님께 집을 사 드릴 수 있는 사람이 될 수 있어. 그리고 40대에는 세상을 변화시키기 위해서 큰 돈을 쓸 수 있는 사람이 될 수 있어. 하지만 20대에 부모님께 용돈이나 받아 쓰는 사람은 그런 큰 인물이 될 수 있는 가능성이 거의 없겠지.

난 너를 위해서 말하는 거야.

이제부터는 부모님께 용돈을 드리는 사람이 되자고.

20대를 건너는 법

스무 살 때 난 내 가슴속에서 솟아오르는 무엇을 살기로 마음먹었어. 당시에 내 가슴은 글에 대한 사랑으로 가득 차 있었기에 난 작가의 길을 가고자 했어. 그런데 난 초등학교 선생님이 되는 공부를 하는 교육대학을 다니고 있었어. 사실 난 아무 생각 없이 교대를 들어갔어. 그래, 부모님이 원하셨어. 그게 다야. 내가 교대에 들어가게 된 결정적인 이유는.

난 위대한 작가가 되려면 무엇보다 교대를 중퇴해야 한다고 생각했어. 위대한 작가와 교대생은 전혀 어울리지 않는 무엇 같았거든. 난 학교를 때려치우고 산에 들어가기로 결심했어. 산속에서 몇 년 동안 혼자 살면서 몇 천 권의 책을 읽으리라. 그리고 원 없이 습작을 하리라. 이렇게 마음먹었지.

아버지에게 학교를 그만 다니겠다고 말씀드렸어. 아버지가 황당해하면서 물으시더군.

"그럼 뭘 할 거니, 군대라도 갈 거니?"

나는 씩씩하게 외쳤어.

"아니요. 산에 들어가서 작가수업을 하려고 합니다."

아버지는 말없이 일어나시더니 방을 나가셨어. 다시 방으로 들어오신 아버지의 손에는 빗자루가 들려 있었어. 잠시 후 빗자루가 공중에서 춤을 추기 시작하더니 빛처럼 빠른 속도로 내 몸과 접촉하기 시작했어. 그것은 내 입에서 "아부지이이이, 잘못했어요오오." 라는 말이 나올 때까지 계속됐어. 다음 날 나는 학교에서 수업을 듣고 있었어.

난 비록 꿈을 위해 학교를 때려치우지는 못했지만, 내 가슴속에서 솟아오르던 그 꿈에서 눈길을 돌려 본 적이 단 한 번도 없어.

난 말야. 그 꿈 때문에 많은 사람들에게 손가락질을 받았어.

그들은 말했지. 넌 절대로 안 된다고. 그만 정신 차리라고.

그런데 그렇게 손가락질을 했던 그 사람들이 지금은 내게 박수를 쳐 주고 있어.

난 네게 권하고 싶어.

20대엔 네 가슴속에서 솟아오르는 무엇을 위해 살아 보라고.

인생 짧잖아. 그리고 한 번뿐이잖아. 또 20대는 고작 10년밖에 안 되잖아. 그 10년만이라도 네 안의 뜨거운 꿈을 위해서 살아 본다면 그것은 멋있는 일이잖아. 평생 뿌듯하게 기억할 수 있는 자랑스러운 추억이 될 수 있잖아.

고작 스펙 따위에, 고작 남자 따위에, 고작 취업 따위에 목숨 걸면서 살기에는 네 20대가 너무나도 눈부시게 빛나고 있다는 사실, 알고나 있는 거니?

인생에서 '각오'가 주는 의미

"하루 23시간 주방에서 일할 각오가 없으면 레스토랑을 창업하지 마라."

이 말을 한 사람은 필 나이트야.

난 네게 이 말을 해 주고 싶어.
네 안의 꿈을 믿고 나가는 순간
넌 이미 성공한 사람이라고.

나이키를 창업한 사람이지.

한 번씩 동네에 짝퉁 신발을 가득 실은 1톤 트럭이 들어올 때가 있지?

필 나이트도 한때는 그런 트럭을 몰고 다니면서 신발을 팔았던 사람이었어. 하지만 지금은 상상을 초월할 정도로 성공했지.

나는 필 나이트의 성공비결을 '각오'에서 찾고 싶어.

자신의 꿈을 위해서 하루 23시간을 투자하는 각오 말이야.

나는 생각해.

필 나이트는 네 나이 때에 하루 23시간 미국 전역을 돌아다니면서 신발을 팔았을 거라고. 내일을 위해서 어쩔 수 없이 잠을 자야 하는 1시간조차 꿈속에서 신발을 팔았을 거라고.

난 네가 20대만큼은 필 나이트처럼 살았으면 좋겠어.

이제 스타트라인에 선 네게

난 생각해.

내 성공은 내 나이 스무 살 때 시작되었다고.

백일장 대회 한 번 나가 본 적 없던 내가
모두가 "넌 안 돼! 정신 차려!"라고 충고하는데도
실제로 출판사들의 원고거절 통지서가 쇄도하는데도
내 안의 빛나는 꿈을 믿고서
"그럼에도 불구하고 나는 끝까지 내 길을 가리라."
라고 맹세했던 그 순간
이미 성공했던 거라고.
난 또 생각해.
아무도 인정해 주지 않았던
무시무시한 눈물의 세월 동안
단 한 번도 꿈을 포기하지 않았던
그 모든 나날이
진정한 성공의 날들이었다고.
세상이 인정해 주는 성공도 귀한 거야.
하지만 그보다 더 빛나고 귀한 성공이
바로 내면의 성공이야.
난 네게 이 말을 해 주고 싶어.
네 안의 꿈을 믿고 나가는 순간
넌 이미 성공한 사람이라고.

나는 생각해.
평범한 한 사람이 평범하지 않은 하루를 보내기 위해 노력하는 것.
그것이야말로 가장 위대한 일이라고.

Chapter Three 지름길이 아니더라도

내일은 오늘보다
덜 춥겠습니다

대학교 3학년 겨울방학 때였어. 밤 9시 40분경 나는 아버지가 던진 물체에 맞아 벌겋게 혹이 난 뒤통수를 문지르면서 매서운 바람이 부는 거리를 걷고 있었어. 세 번째였어. 글 쓰지 말고 공부나 열심히 하라는 아버지의 말에 대들었다가 얻어 맞고서 쫓겨난 게.

더럽게 추운 밤이었어. 불이 환하게 켜진 상점의 텔레비전에서는 날씨를 안내하는 여자가 "금년 들어 가장 추운 날입니다. 내일은 오늘보다 덜 춥겠습니다."라고 말하고 있었어. 하지만 가슴에서 불이 나고 있었기에 견딜 만했어.

한참을 걷다가 주머니를 뒤져 보았어. 십 원이 있었어. "젠장, 친구한테 전화할 돈도 안 되잖아!" 나는 이렇게 화를 내면서 계속 걸었어. 자존심 때문에 집으로 돌아갈 수는 없었어.

어디에서든지 밤을 보내야 했어. 교육대학교까지 가기에는 너무나 멀었어. 나는 발길을 한 종합대학교로 향했어. 그곳 동아리방 아무 곳이나 들어가서 자자, 나는 이렇게 생각하면서 속도를 냈어. "내 인생은 왜 이따위야?"라고 구시렁거리면서.

한참을 걷는데 공중화장실이 눈에 들어왔어. 나는 작은 일을 보기 위해 들어갔어. 놀랍게도 노숙자 세 명이 따뜻한 훈기가 나오는 라디에이터 옆에서 몸을 맞대고 누워 있었어. 밑에 라면 박스를 깔고서. 평소처럼 밖에서 잤다 가는 얼어 죽을 것이 뻔하니까 화장실로 들어온 거였어.

차마 볼일을 보지 못하고 화장실을 나와서 계속 걸어가는데 공교롭게도 윤락가를 지나가게 되었어. 그 추운 겨울날 파카를 입은 나도 덜덜 떠는데 또래 여자 아이들이 손님을 끈답시고 초미니 차림으로 거리에 나와 있었어.

민망해진 나는 다른 길로 가기 위해 발길을 돌렸어. 그때였어. 한 여자가 백 미터를 거의 십 초에 주파할 것 같은 놀라운 달리기 실력을 선보이며 내 앞을 착 막아섰어. 그와 동시에 튀어나온 말.

"오빠, 놀다 가!"

"놀기 싫은데요."

"에이 그러지 말고 놀다 가 잘해 줄게."

"잘 안 해 줘도 되는데요."

"그러지 말고, 싸게 해 줄게~."

"저 십 원 있는데요."

"알았어요. 가세요."

그녀가 실망한 표정으로 돌아설 때 나는 물었어.

"저기, 안 추워요?"

그녀는 "먹고살아야 하니까요. 추운 거보다는 그게 더 힘드니까요." 이 한 마디를 마치 탄식처럼 내뱉고는 쓸쓸한 표정으로 그녀들의 거리를 향해 갔어.

윤락가를 우회해서 간 길은 재래시장과 연결되어 있었어. 불이 꺼진 점포들 사이로 난 길을 통과해서 백화점 쪽을 향해 가는데 칼바람이 몰아치는 백화점 광장에서 열 명 남짓한 사람들이 고무 대야 따위를 늘어놓고서 뭔가를 팔고 있었어. 머리와 얼굴을 목도리 등으로 친친 감고 옷을 심히 두껍게 껴입은 그들은 대부분 할머니였어.

마침내 나는 목표로 한 종합대학교에 도착했고, 창문이 잠겨 있지 않은 동아리방을 기적처럼 찾아냈어. 그런데 담요가 없는 거야. 난 이해할 수 없었어. 동아리방에는 당연히 담요, 배게, 트렝이닝복, 운동화, 라면, 생수, 코펠, 버너 등이 있어야 하는 거 아니야? 나 같은 불청객을 위해서 말이지. 하지만 불평할 틈이 없었어. 미치도록 추웠으니까.

난 학생회관으로 달려갔어. 예상대로 그곳엔 내 상반신만 한 스티로폼과 플랜카드가 굴러다니고 있었어. 난 그것들을 주워

와서 침대와 이불로 삼아서 잤어.

 새벽에 너무 추워서 몇 번 깼어. 그때마다 밤에 만났던 사람들을 생각했어. 노숙자, 창녀, 할머니 노점상. 그러면 거짓말처럼 추위가 가셨어.

 내 입에서 "힘들다."라는 말이 사라지기 시작했던 게 아마 그때부터였지 싶어. 물론 나는 그 뒤로 눈물 나는 일, 슬픈 일을 셀 수 없이 많이 겪었어. 하지만 그때마다 그때 그 사람들을 생각하면 감히 "힘들다."라는 말을 할 수 없었어. 난 네게 말하고 싶어. 지구에 너보다 힘든 사람이 단 한 명이라도 있다면 넌 힘들지 않은 거라고.

네가 만날 진짜 현실

— 1948년에서 1964년 사이에 태어난 여자들은 저축과 연금의 부족으로 최소한 74세까지 일을 해야 할 것으로 추정된다.
— 여성이 퇴직 후에 받는 연금은 남자의 4분의 1에 불과하다.
— 결혼의 50퍼센트가 이혼으로 끝난다. 이혼 첫 해에 여자의 생

활수준은 평균 73퍼센트 하락한다.

─여자 10명 중 7명은 언젠가 빈곤층으로 전락할 것으로 추정된다.

─빈곤층 노인 4명 중 3명이 여자이다. 하지만 이 여자 중 80퍼센트가 남편이 살아 있을 때는 전혀 가난하지 않았다.

우리나라보다 여성의 지위가 훨씬 높은 미국의 10년 전 조사결과야.[6] 나는 이 조사결과가 네가 앞으로 만나게 될 현실이라고 생각해.

아니 너는 분명 이보다 더 잔인한 미래를 맞이하게 될 거야. 왜냐하면 우리나라에는 미국 정도의 사회보장제도가 없잖아. 여성에 대한 차별도 미국보다 훨씬 심하고. 여성의 공직 진출 및 기업진출 등도 미국보다 훨씬 못하지.

과거에는 여자가 굳이 능력을 가질 필요가 없었어. 남편이 가져다 주는 월급만으로도 충분히 잘 살 수 있었고. 하지만 지금은 시대가 달라졌어. 너무나도 달라졌어. 나는 감히 말하고 싶어. 21세기 한국에서 능력 있는 여자가 된다는 것은 여자의 존

---

[6] 킴 기요사키의 『리치 우먼』에 나오는 자료야.

엄을 지키기 위해서라고.

많은 여자들이 30대에 들어서야 정신을 차려. 그리고 발버둥을 치기 시작해. 대형 마드나 식당에서 일하는 비정규직이 대부분 아줌마라는 사실을 가볍게 넘겨서는 안 돼. 그녀들도 네 나이엔 다들 괜찮았어. 아니 너보다 더 나은 삶을 살았던 여자들도 많을 거야.

평균수명 100세 시대야. 네가 4, 50대가 될 즈음엔 평균수명 120세 시대를 맞을 수도 있어. 난 네게 묻고 싶어. 20대 이후의 삶, 즉 네 인생의 남은 70~90년을 준비하고 있는지. 혹시 이런 푸념을 늘어놓는 것은 아니겠지.

"앞으로 70년은커녕 당장 내년조차 어떻게 살아야 할지 준비하지 못하고 있어요!"

만의 하나 그런 심정이라면, 정신 차리라고 말해 주고 싶어. 미국에는 젊은 정규직에게 온갖 푸대접을 받으면서 화장실 청소부 등으로 일하는 할머니들이 의외로 많다고 해. 그녀들이 어쩌다가 그렇게 되었을까? 20대에 미래를 치열하게 준비하다가 그렇게 되었겠니, 아니면 여러 가지 핑계를 대다가 그렇게 되었겠니?

네 피부가 빛을 잃기 시작하고 네 근육에서 힘이 빠져나가기 시작하는 날이 너를 향해 달려오고 있어. 만일 그때 네가 능력 있는 여자가 아니라면 넌 눈물 나게 깨닫게 될 거야. 한국이라는 나라가 약자에게 얼마나 잔인한지.

뼈저린 후회 속에서 보내는 슬픈 미래를 맞이하고 싶지 않다면, 정.신.차.려!

네 가슴속에 흐르는 피가 뜨거운 이유

대학생이었던 시절, 난 학교를 가지 않는 날이 참 많았어.

친구들이 스쿨버스를 타고 강의를 들으러 갈 때 난 시외버스를 타고 나 자신을 만나러 가곤 했어. 시외버스 종점에 내리면 산이나 들 또는 샛강이 있었지. 나를 이상하게 바라보는 사람들을 찾아볼 수 없는, 오직 새와 나무와 물고기만 있는.

난 산과 들을 헤매면서, 샛강을 따라 걸으면서 시를 썼어. 난 대학교과서보다는 자연을 읽는 게, 강의 필기보다는 시를 쓰는 게, 친구들을 만나는 것보다는 나 자신을 만나는 게, 학교 도서관에서 시험공부를 하는 것보다는 샛강에서 해가 지는 하늘을 바라보는 게 더 중요하다고 생각했거든. 그러다 보니 필연적으로 비웃음을 샀고, 무시를 받았고, 따돌림까지 받았지.

덕분에 난 언제나 혼자였고, 언제나 마음이 아팠고, 언제나 한숨이 나왔고, 언제나 눈물이 났어.

하지만 세상 사람들의 관점대로 사는 대신 거의 완벽에 가까울 정도로 내가 살고 싶은 대로 살았기 때문에 20대를 돌아보면 거의 후회가 없어.

넌 어떻게 살고 있니? 혹시나 주류 세계에서 소외당하는 게 두려운 나머지 네 자신을 속이면서 살고 있지는 않니?

그.러.지.마.

학점도, 친구도, 부모님도 중요하지만 그보다 더 중요한 것은 너 자신이니까.

세상의 기준에 맞춰서 사는 인생은 언제나 후회를 남기지만 자신의 기준에 맞춰서 사는 인생은 최소한 후회는 없어.

난 네가 네 뜨거운 가슴을 살길 원해.

혹시 아직도 깨닫지 못하고 있는 것은 아니겠지?

네 가슴속에 흐르는 피가 뜨거운 이유를.

너한테 뜨겁게 살라고, 그토록 뜨겁게 흐르고 있는 거야.

너 자신이 희망이다

못생긴 여자에게, 키가 작은 남자에게, 좋은 대학을 나오지 못한 사람에게, 비정규직에게, 실업자에게, 가난한 사람에게, 세상은 매우 잔.인.해.

만일 네가 큰 꿈을 갖지 않는다면, 그 큰 꿈을 이루기 위해 지금과 완전히 다른 존재로 변신하지 않는다면 세상은 약자에게 언제나 지금처럼 잔인할 거야.

하지만 말이야.

만일 네가 큰 꿈을 갖는다면.

네가 위대한 변화를 선택한다면.

이 추악한 세상에 굴종하거나 좌절하거나 절망하는 대신 가슴속을 미친 꿈의 빛으로 채우고서 살아간다면.

하루 8시간 자던 네가 하루 4시간 자는 사람으로 변하고, 한 달에 책을 두세 권 읽던 네가 하루에 두세 권 읽는 사람으로 변하고, 혼신의 힘을 기울여서 일한 적이 한 번도 없는 네가 어떤 일이든 최고로 열심히 하지 않으면 가슴이 터져 버릴 것 같은 그런 사람이 된다면. 그것이 설령 청소를 하는 일일지라도 네 모든 열정을 쏟아 붓는 그런 사람이 된다면.

난 생각해.

넌 자기 자신뿐만 아니라 세상을 변화시키는 능력을 가진 사람이 될 수 있다고.

난 믿어.

네가 그렇게 아름답게, 그렇게 치열하게 살다 보면 언젠가 거대한 꿈을 이룬, 세상의 중심에 우뚝 선 사람이 될 거라고. 그때 네가 네 힘을 약자들을 위해서 쓰기 시작한다면, 지구는 바꿀 수 없더라도 네 주변 세계는 바꿀 수 있지 않을까. 그것도 완벽하게 바꿀 수 있지 않을까.

난 네게 말하고 싶어.

'그런 사람'이 되라고.

나도 '그런 사람'이 되기 위해 이제껏 노력해 왔고 지금도 이 순간에도 안일을 거부하며 살고 있어.

난 꿈꾸고 있어.

지구에 '그런 사람'이 가득해지는 그날을.

그때 지구는 진정 아름다운 행성이 될 수 있겠지.

네가 변할 때 세상도 변한다는 걸 부디 잊지 마.

지금 자본주의의 압제 아래 신음하고 있는 네가 바로 자본주의의 희망이야.

내 나이 스물다섯의 이야기

아버지의 잔소리를 참지 못하고 결국 집을 뛰쳐나오고 말았어. 늘 그렇듯이 갈 곳은 공원밖에 없었어. 난 장미넝쿨이 흐드러지게 걸려 있는 예쁜 철골 구조물 아래 있는 나만의 벤치에 누워서 잘 보이지도 않는 별을 헤다가 그만 잠이 들었어. 난 잠드는 게 늘 두려웠어. 항상 악몽을 꾸었거든. 절망의 상징으로 이루어진 어떤 세계, 내가 매일 밤 방문하는 꿈속의 세계였어. 그날도 난 장미 벤치에서 밤새도록 고통스런 꿈을 꾸었어.

난 아버지를 사랑했고, 아버지도 나를 사랑했어. 하지만 난 아버지를 이해하지 못했고 아버지도 나를 이해하지 못했어. 그렇게 좋던 부자관계가 '글', '시', '책'이라는 단어만 튀어나오면 썩은 유리처럼 쩍쩍 갈라지다 부서지곤 했어. 그때마다 난 아버지에게 노골적으로 반항했고, 욕을 먹거나 얻어 맞았고, 폭발해서 집을 뛰쳐나오곤 했지.

찌뿌드드한 몸을 느끼고 눈을 뜨니 아침이었어. 늘 그렇듯이 눈이 시리도록 아름답게 빛나는 태양은 나를 더욱 초라하게 만들었어. 나는 마치 별 같은 존재, 주인공이 나타나면 사라지는 그런 존재, 우주에게까지 열등감을 느끼던 나는 정말이지 대책 없는 인간이었어.

주머니 속을 뒤져 보면 많아야 이삼천 원이 있었어. 난 한숨을 쉬고, 고개를 떨구고, 자리에서 일어나 집으로 향했어. 마치 도둑놈처럼 집에 들어가서 몰래 밥을 먹고 나오면 갈 곳이 없었어. 결국 걸어서 학교를 갔어. 하지만 학교에서도 갈 곳이 없었어. 만날 사람도 없었고. 낡은 책장들로 가득한 도서관 창고 속으로 숨어들어 책 한 권을 읽고 나오면, 여전히 하늘은 푸르렀지만, 내게는 대화를 나눌 친구도, 해야 할 공부도, 가고 싶은 강의실도 없었어. 난 다만 학교를 좀 떠돌다 시내로 나갈 뿐이었어.

이삼십 분을 걸어서 시내로 나가면 서점이 있었어. 나는 서서 책 한 권을 읽고, 한숨을 쉬고, 시내를 가로질러 집까지 걸어갔어. 때로 만홧가게를 가기도 했고 전자오락실을 가기도 했지만 그보다는 샛강을 따라 걷는 일이 더 많았어. 버스로 삼십 분 가까이 걸리는 집까지 걸어가다 보면 하늘엔 노을이 걸리곤 했어. 당시 나의 유일한 취미는 저물 녘 하늘을 바라보면서 그 아름다운 풍경을 내 안에 사진처럼 찍어 두는 것이었어. 노을마저 사라지면 주위는 온통 어둑해졌고, 별들이 하나둘씩 얼굴을 내밀었어. 그러면 난 아무 벤치에나 앉아서 시를 썼어. 그러곤 그 벤치에 누워서 잠이 들었어. 언젠가 내 글이 인정받을 날을 꿈꾸면서. 친해지고 싶은, 그러나 친해질 수 없다는 사실을 잘 아는 학교의 누군가들을 생각하면서.

서늘한 공기에 잠이 깨면, 어느덧 깜깜한 밤이었고, 나는 집에 가고 싶지 않았어. 하지만 가야 했어. 걱정할 엄마 때문에. 내키지 않는 발걸음을 이끌고 동네를 어슬렁거리다 보면 새벽이었어. 그때쯤 나는 몰래 집에 들어갔어. 아버지와 마주치고 싶지 않았거든.

그렇게 방에 들어가서 누우면 또 할 일이 없었어. 책을 읽는 것 말고는. 그래서 몰래 불을 켜고 책을 읽었어. 책을 읽고 있다 보면 아버지의 발자국 소리가 들렸어. 난 황급히 불을 끄고는 자는 척 했어. 아버지는 그런 나를 기쁨 반 걱정 반이 담긴 눈으로 물끄러미 바라보시다가 조용히 당신의 방으로 가시곤 했어. 그러면 나는 다시 책을 꺼내 들고서 잠들 때까지 읽었어. 물론 잠은 악몽이 기다리는 세계로 가는 것에 불과했지만, 잠이라도 들어야 시간이 빨리 지나갈 테니까. 우울하기 짝이 없는 20대가 하루라도 빨리 줄어들 테니까, 그런 심정으로. 한편으로 나는 잠이 들면서도 걱정스러웠어. 어차피 내일 깨어나도 오늘 같은 하루를 살 텐데 하는 생각으로. 여기까지가 내 나이 스물, 스물하나, 스물둘, 스물셋, 스물 넷, 스물다섯 살 때의 일상이야.

난 학교와 집에서 투명인간처럼 살다가 투명인간처럼 군대를 갔어. 이등병으로. 군대를 가던 날, 아무도 나를 배웅하지 않았어. 아버지를 빼고는.

아버지는 웃으면서 나를 배웅하셨어. 버스에 앉아서 아버지께 인사를 드리는데, 가슴속에서 뭔가 울컥했어. 내가 군대를 가던 날 집은 실질적으로 망했고, 동생은 아르바이트를 하기 위해 휴학 신청을 했어. 집 우체통에는 돈을 갚으라는 통지서와 집을 경매에 처한다는 통지서가 쉬지 않고 날아들고 있었어. 그런데 고작 난 밀린 군대를 가고 있었어.

내 나이 스물다섯 살이던 어느 날의 일이야.

*우연히 사고방식 vs
선택의 사고방식*

나의 20대는 부모님과의 전쟁으로 가득 찬 시기였어.

나의 직업관, 결혼관, 인생관, 미래관은 부모님의 그것과는 너무 큰 거리가 있었어. 덕분에 우리는 그 간격 속에 빠져서 엄청난 고통을 받아야 했지.

우리의 가슴은 서로를 뜨겁게 사랑했지만 우리의 머리는 서로를 뜨겁게 싫어했다고나 할까.

왜 하필 이런 부모님을 만나게 되었을까, 왜 하필 이런 집에 태어났을까, 지금 생각하면 참 부끄럽지만 부모님과 한바탕 싸울 때마다 내 마음속에선 그런 생각이 불끈불끈 솟아오르곤 했어. 그리고 그 후유증으로 적게는 일주일 많게는 한 달씩 힘들어하곤 했어.

스물여덟 살 때쯤이었을 거야.

어느 날, 난 전봇대에 머리를 세게 부딪쳤어. 너무 아파서 몇 시간 동안 누워 있어야 할 정도였지. 그때 난 찰나적으로 세상에 태어나기 전의 일을 기억하게 되었어.

태어나기 전의 나는 천국에서 안절부절 못하고 있었어. 난 뭔가 엄청난 잘못을 저질렀는데 그 벌로 1만 년 동안 외딴 별로 유배되거나 지구에 태어나서 좋은 일을 하거나 둘 중 하나를 선택해야 했어. 그런데 지구에 태어나는 게 내 맘대로 할 수 있는 게 아니었어. 부부라는 이름으로 맺어진 두 사람의 영혼으로부

터 선택을 받아야만 가능한 일이었어. 그런데 어떤 부부도 나를 선택하지 않았어. 난 너무 고통스러운 나머지 가슴만 쥐어뜯고 있었어.

그때였어. 지구 어느 쪽 그러니까 한국이라고 불리는 나라에서 표현이 불가능할 정도로 맑고 밝고 따뜻한 빛이 솟아오르더니 나를 향해 날아오는 게 아니겠어. 그 빛은 이제 막 부부의 연을 맺은 두 사람의 영혼이 내게 보낸 초대장이었어.

"살았다!"

나는 이렇게 외치면서 하나님께 달려갔어. 그러고는 자랑스럽게 말씀드렸어.

"저, 초대받았어요. 얼른 지구로 보내 주세요!"

잠시 후 나는 하나님의 활에 올라탔어. 이어 하나님의 손이 시위를 떠났고 난 기적처럼 지구를 향해 날아갔어.

이 깨달음이 있고 난 후, 내 마음은 많이 편해졌어.

부모님을 향한 내 감정은 애증이 섞인 것이었는데 거기서 미움이 다 빠져나가고 사랑만 남았다고나 할까.

부모님도 날 선택했지만 나도 부모님을 간절하게 선택해서 태어났다고 생각하니까 미워할 일이 없더라고. 사랑에 사랑만 가득해지지.

세상에는 두 가지 사고방식이 존재한다고 나는 생각해.

'우연히 사고방식'과 '선택의 사고방식'이라는.

우연히 사고방식은 자신에게 주어지는 모든 것이 우연히 생겨났다고 믿어.

왜 하필 이런 일이 일어난 거야, 왜 하필 이런 사람을 만났을까, 이렇게 생각하게 만들지.

선택의 사고방식은 모든 것을 내가 미리 선택했다고 믿어.

이 일에 어떤 의미가 있을까, 이 사람과의 만남에 어떤 귀한 뜻이 숨어 있을까, 이렇게 생각하게 만들지.

물론 어떤 사고방식을 선택하느냐는 네 자유야. 하지만 네가 만일 나처럼 머리를 세게 부딪치게 된다면, 하여 태어나기 전의 일을 기억할 수 있게 된다면 넌 나처럼 선택의 사고방식을 갖게 될 거라고 생각해.

대한민국 20대,
네게 거는 희망

타워팰리스라고 들어 봤어? 서울 강

남의 내로라하는 부자들이 서식한다는 그 건물 말이야.

난 딱 한 번 가 본 적이 있어. 사기꾼 한 명이 타워팰리스에 살고 있었는데 내 절친한 지인이 그 사기꾼에게 홀려 있었거든. 그래서 경고를 해 주러 갔지. 다행스럽게도 내 지인은 이제 그 사기꾼하고 거래를 하지 않아.

타워팰리스 근처에 구룡마을이라는 곳이 있어. 둘 다 똑같이 강남구에 속해 있어. 타워팰리스는 도곡동에 있고 구룡마을은 개포동에 있지.

구룡마을은 집 한 채 짓는데 하룻밤이면 충분하다고 해. 땅에다 말뚝 네 개 박고, 합판 대고, 못질하고, 보온용 천으로 두르고. 이러면 끝난다는 거야. 현재 3천 명 정도가 그 판잣집에 거주하고 있다고 해.[7]

나는 구룡마을에 한 번 가 본 적이 있어. 한때 난 성남에서 자취를 했는데 종종 탄천을 따라 강남이나 잠실까지 걸어가곤 했거든. 한없이 걸으면서 끝없이 사색하는 게 내 취미 중 하나라.

그때 정말 우연히 구룡마을에 들어갔는데, 너무 충격적이었어. 뭐랄까. 타임머신을 타고 1960년대 우리나라 빈민촌에 들

---

7) 조선일보, 강훈 기자, 2010년 10월 23일자.

어간 느낌이랄까. 다큐멘터리 같은 데서 보던 그 판잣집 그대로 였거든.

어떻게 서울에, 그것도 강남에 이런 동네가 있을 수 있을까, 잠시 할 말을 잃었던 것 같아. 게다가 구룡마을 너머로 웅장하기 그지없는 타워팰리스가 보이는데, 이건 뭐 영화 속의 한 장면도 아니고. 기가 막히더라고.

우리나라 헌법 제10조에는 "모든 국민은 인간으로서의 존엄과 가치를 가지며 행복을 추구할 권리를 가진다."라는 말이 있잖아. 타워팰리스와 구룡마을 사이에서 나는 헌법 제10조를 되뇌이면서 매우 기괴한 감정에 빠져 들었던 것 같아. 헌법 제10조는 구룡마을 주민들을 위한 것은 아닌 것 같았거든.

그 판자촌 중 한 곳인 개포동 1266번지에 270여 명이 거주하고 있어. 그런데 이 사람들이 국가에 내야 하는 벌금이 거의 40억 원에 달해. 정부의 허가를 받지 않고 무단으로 집을 짓고 거주했다고 매긴 벌금에 가산금이 붙은 결과지. 그것도 지난 몇 십 년 동안.

그런데 기껏해야 폐지나 수집하고 고철이나 주으러 다니는 사람들이 무슨 돈이 있겠어. 당연히 벌금을 못 냈지. 그러자 정부는 그들의 재산을 압류했어. 물론 법적으로는 전혀 하자가 없는 일이라고 해.

이게 우리나라의 현실이야. 헌법 제10조의 행복추구권은 정말이지 법전 속에나 존재하는 권리일 수 있는 거야. 물론 자본주의 사회에서 돈이 많은 사람이 잘사는 것은 나쁜 일이 아니야. 하지만 타워팰리스와 구룡마을의 격차는 매우 나쁜 것이라고 생각해.

더군다나 구룡마을의 주민 중 일부가 40억 원에 달하는 벌금을 내야 한다는 것은 인간적으로 정말 이해할 수 없는 일이야. 재벌들의 수천억 원에 달하는 경영손실은 국민의 세금으로 메워 주는 현실에 비추어 보면 더더욱.

어른들은 이미 실패했어. 그 지긋지긋한 정치판 놀음, 국회의원이 보여 주는 추잡한 몸싸움, 앞으로 바뀔 것 같아? 아니야, 그렇지 않을 거야. 네가 바꿔야 해, 우리나라는. 헌법 제10조가 상식이 되는 나라로 만들려면 20대인 네가 나서야 해. 무슨 화염병 따위를 들고 국회나 정부청사로 달려가라는 이야기가 아냐.

내 말은 힘을 기르라는 거야. 우리나라를 근본적으로 바꿀 수 있는 내적인 힘을 말이야. 네가 20대부터 세상을 바로잡을 수 있는 힘을 기르는 삶을 살기 시작하면 40대나 50대에는 우리나라의 꼭대기에 서 있게 될 거야. 그때 네 온 힘을 다해서, 네가 서 있는 곳에서, 우리나라를 바꾸면 돼.

 헌법 제10조가 모두의 헌법이 되는 그날을 기다리며 네게 희망을 걸어 본다.

20대가 무시당하지 않는 방법

우리나라 정치가의 머릿속에 20대는 없는 것 같아. 선거유세를 한 번 생각해 봐. 재래시장은 물론이고 길바닥 위에서도 유세를 하는 사람들이 20대가 있는 곳에는 거의 가지 않거든. 이유는 간단해. 20대가 투표를 하지 않기 때문이야. 정치가 입장에서는 괜한 데에 시간과 힘을 낭비할 필요가 없는 거야.

 그래, 투표를 하고 안 하고는 자유야. 그런데 그 자유가 부메랑이라면? 그것도 내게 돌아올 때 날이 시퍼렇게 선 비수로 변해서 온다면?

 정치가들은 선거를 치르면서 20대의 존재를 까맣게 잊어버

려. 이유는 앞에서도 말했듯이 20대가 자신의 당락에 별 영향을 미치지 못하기 때문이야. 문제는 그들이 정책을 만든다는 거야. 머릿속에 20대가 전혀 없으니까 20대를 위한 정책을 만들 생각조차 못하는 거야. 그 결과는 네가 지금 마주하고 있는 현실이야. 대학 4년 동안 고3 때 이상으로 힘들게 스펙을 쌓고도 취직을 구걸해야 하는.

지난 세월 동안 네 부모님이 국가에 낸 세금을 한 번 생각해 봐. 네 아버지와 오빠 또는 남자친구가 군대에서 국가를 위해 바친 시간을 한 번 생각해 봐. 네가 대한민국의 건전한 시민이 되기 위해 학교에 바친 그 시간과 그 수고를 생각해 봐. 그런데 대한민국은 지금 네게 무엇을 주고 있니?

정치가들이 국가정책을 만들어. 만일 국회의원이 국회에서 20대를 위한 정책을 만들기 시작하면 어떻게 될까? 최소한 취업을 구걸해야 하는 현실은 크게 변할 거야.

소위 베스트셀러 작가가 되고 나서 우리 사회의 힘 있는 사람들을 조금 알게 됐어. 그리고 그들이 20대를 굉장히 무시하고 있다는 사실 또한 알게 됐어. 심지어는 20대가 내는 등록금으로 먹고사는 교수들조차 20대를 무시하고 있더군. 그런데 그들의 말에도 일리가 있었어. 그들은 이렇게 말하고 있었거든.

"우리나라에서 가장 책 안 읽고, 사회에 가장 무관심한 집단이 20대이다. 지난 촛불시위 때 10대조차 거리로 뛰쳐나왔는데 20대는 그렇게 하지 않았다. 이 사람들이 30대, 40대가 된 대한민국을 상상하기가 두렵다. 많은 부분에서 굉장히 엉망이 되어 있을 것 같다. 그때 내가 힘없는 노인일 것을 생각하면 가슴 한쪽이 꽉 막히는 것 같다. 이민이라도 가고 싶은 심정이다."

이젠 정치라는 것에도 좀 관심을 가져야 할 것 같아. 우리 사회를 이끌어 가고 있는 어른, 특히 정치가들에게 네 존재와 네 힘을 분명하게 인식시켜야 할 필요성이 있는 것 같아. 내가 여기 있다고, 내가 너를 보고 있다고, 나를 위해서 일하라고 말해 줘야 할 것 같아.

네 미니홈피에, 네 블로그에, 네 트위터에 정치가들이 두려워할 메시지를 지속적으로 올리면 어떨까? 정치가들에게 20대를 위한 정책을 만들 것을 강력하게 주문하는 인터넷 카페 등을 만드는 것도 좋은 방법이겠지. 생각해 보면 우리는 참 편한 세상에 살고 있는 것 같아. 집에서 컴퓨터를 켜고 키보드를 두드리는 것만으로도 세상을 바꿀 수 있으니까 말이야.

너의 활약을 기대할게.

*이제 세상을
클릭해 봐*

　　　　　　우리나라의 어른들은 20대를 바보로 보고 있는 것은 아닐까? 나는 종종 이런 생각을 하곤 해. 먼저 정치권의 대표 어른이라고 할 수 있는 국회의원을 보자고. 20대를 위해 투쟁하는 국회의원이 있다는 이야기, 혹시 들어 봤어? 난 들은 적이 없는 것 같아. 정치에 대해서는 이야기하면 할수록 서로 기분만 나빠질 것 같으니까 이쯤에서 그만 할게.

　경제계의 대표 어른이 잔뜩 모여 있는 대기업과 은행을 보자고. 대기업은 20대에게 물건을 팔 때는 마치 간이라도 빼줄듯이 난리를 치지만 정작 취업문제에서는 20대의 간이라도 빼먹을 듯 잔인하게 행동하지. 은행은 또 어떠니? 수업료 가지고 장사하고 있지. 학자금은 대출이자를 받지 않거나 2퍼센트 정도 저렴한 이자를 받는 게 정상 아닐까? 실제로 OECD 가입국 중에 학자금 대출제도를 운영하고 있는 나라는 보통 무이자이거나 2퍼센트대의 이자를 받고 있어. 그런데 우리나라는 5퍼센트대야. 그리고 대출금을 갚지 못하면 무서운 일이 벌어지지.

　학문계의 대표 어른이 모여 있는 대학은 어떠니? 솔직히 말해서 졸업장 그거 큰 의미 없잖아. 그리고 잘 가르치는 교수도 별로 없잖아. 학생복지가 뛰어난 것도 아니고, 취직을 잘 시켜 준다거나 그런 것은 더욱 없잖아. 그런데 수업료 등등 해서 1년에 1천만 원 가까이 요구하는 대학 많잖아. 대부분의 20대가 어떻게 사는지 뻔히 알면서도 정말 미안한 기색도 없이 돈 내라고 하잖아. 좀 심하게 말하면 그거야 말로 일종의 강도짓으로 분류될 수 있는 것 아닐까?

한 번 생각해 봐. 열 명이서 4년 동안 대학을 다니면 무려 4억 원이 들 수 있잖아. 그럼 대학도 그 열 명에게 4억 원만큼의 뭘 줘야 정상 아닐까? 솔직히 그러겠다고, 아니 그 이상으로 뭘 주겠다고 신입생을 받는 거잖아. 그런데 대학은 받은 돈만큼의 일을 하지 않는다는 말이지. 그것 참 이해할 수 없는 일이야.

이렇게 놓고 보면 정치, 경제, 학문 등 각 분야의 대표적인 어른이 20대를 바보 취급하고 있는 셈인데, 어쩌면 그것은 20대의 잘못은 아닐까? 정치가에게, 대기업에게, 은행에게, 대학에게 저항할 줄 모르는, 자신의 권리를 내세울 줄 모르는.

솔직히 말해서 20대 참 조용하잖아. 정부가, 기업이, 은행이, 대학이 마음대로 갖고 놀아도 그냥 입 다물고 있잖아. 기껏해야 인터넷에서 구시렁거리기나 하잖아. 그래 가지고 뭐가 바뀔 수 있을까. 어떤 어른이 20대를 두려워할까.

국회, 대기업, 은행, 대학과 투쟁하는 것은 쉬운 일이 아니야. 때문에 나는 함부로 권하고 싶지 않아. 하지만 나는 이것 하나만은 권하고 싶어. 등록금 투쟁. 1년에 1천만 원은 너무 비싸잖아. 그거 고스란히 부모님 몫이잖아. 부모님이 능력 없으면 네가 네 미래를 저당 잡혀야 하는 거잖아. 유럽 같은 경우 우리나라 돈으로 100만 원도 안 되는 등록금을 내는 대학이 많아. 그 정도까지는 아니더라도 지금보다는 좀 많이 줄어들어야 하지 않겠니? 부모님 등골 휘는 정도는 면해야 하지 않겠니? 그거 네가 해야지 누가 하겠니. 네가 대학의 고객이니까 말이야.

 동네 슈퍼도 1천 원을 내면 1천 원어치의 물건을 건네 줘. 하지만 대학은 그렇지 않아. 1천만 원을 내면 1백만 원도 돌려주지 않는 곳이 허다하지. 만일 네가 슈퍼에서 1천 원짜리 과자를 고른 뒤 1천 원을 냈는데 주인이 돈을 받고는 과자를 못 가져가게 한다면 넌 그저 참고만 있겠니? 절대로 그렇지 않을 거야.

 하지만 넌 대학에게는 아주 잘 참고 있어. 1천 원이 아니라 1천만 원이 걸린 문제인데 말이야. 너의 그런 태도가 이 사회의 각 분야 권력을 거머쥔 어른들로 하여금 너를 만만하게 보게 만드는 거야.

 총학생회 등에서 등록금 인상 저지투쟁 등을 하면 앞으로는 그 대열에 동참해 봐. 그리고 네가 원하는 것을 얻어 봐. 그 자체가 굉장히 큰 내적 자산이 될 거야. 넌 그 투쟁에 참여하는 것만으로도 동료와 협동하는 법, 강자를 상대로 싸우는 법, 강자와 협상하는 법 등을 배우게 될 테니까 말이야. 그거 성공적인 사회생활을 하는 데 반드시 필요한 거야.

게다가 너의 투쟁이 성공하면 그것은 매스컴을 타고 우리나라의 각 분야의 꼭대기에 서 있는 어른들의 귀에 들어갈 거야. 그러면 그들의 20대에 대한 시각도 바뀔 거야.

결론적으로 20대가 인간적으로 살 수 있는 세상이 올 수 있다는 이야기지.

나비효과라고 들어 봤지? 베이징에서 나비 한 마리가 일으킨 미세한 바람이 뉴욕으로 건너갈 때쯤엔 허리케인이 될 수 있다는. 등록금 투쟁도 마찬가지야. 나비효과를 일으킬 수 있어. 이렇게 놓고 보면 정치참여는 네가 몸담고 있는 대학에서부터 시작할 수 있는 거라고 할 수 있겠다.

이제 내가 네게 물을게.

촛불집회 때 넌 어디서 무엇을 하고 있었니?

총학생회 친구들이 삭발을 하면서까지 등록금 투쟁을 벌이

고 있을 때 넌 어디서 무엇을 하고 있었니?

할머니, 할아버지는 물론이고 장애인마저 정치를 바꿔 보겠다며 투표할 때 넌 어디서 무엇을 하고 있었니?

도서관에서 공부를 하고 있었니?

친구를 만나서 수다를 떨고 있었니?

집에서 TV를 보고 있었니?

아니면 촛불집회의 그 현장에, 삭발투쟁의 그 현장에, 투표가 진행되던 그 현장에 있었니?

네가 어디서 무엇을 하고 있었든, 기억해. 그때 했던 네 선택이 현재의 사회 시스템을 만들었다는 사실을.

앞으로 또 사회 시스템에 결정적인 영향을 미치게 될 선택을 하게 될 때가 오면 그때 네가 하게 되는 선택은 모두를 위한 것이었으면 좋겠다. 정말 좋겠다.

네 인생의 멘토

"운전을 배우려면 어떻게 해야 하나요?"

사람들에게 이런 질문을 던지면 백이면 백 이렇게 대답할 거야.

"학원에 가서 배워!"

쉽게 말해서 전문가를 찾아가서 돈을 지불하고 배우라는 이야기지.

우리나라에 굴러다니는 차가 1천만 대 이상이라고 해.

그러면 운전을 배운 사람도 1천만 명 이상일 거야.

그리고 그 1천만 명은 90퍼센트 이상 전문가에게 돈을 지불하고서 배웠을 거야. 운전하는 법을.

내가 세상에서 가장 이해하기 힘든 사람들이 있어.

그들은 성공을 꿈꾼다고 하지만 전혀 움직이지 않더라고.

운전면허를 따기 위해 기울였던 노력의 10분의 1도 기울이지 않더라고. 그저 가만히 앉아서 누군가가 자신을 이끌어 주기를 기다리고 있더라고.

아무나 다 하는 운전조차 자신이 적극적으로 움직여야 배울 수 있는데, 아무나 할 수 없는 성공을 하고 싶어하는 사람들이 바보처럼 앉아서 하늘만 바라보고 있더라고.

만일 네가 성공을 꿈꾼다면 넌 섬광처럼 움직여야 해. 네가 이루고자 하는 꿈을 먼저 이룬 사람들을 찾아가서 목숨 걸고 매달려야 해. 그 사람들이 너를 멘티로 받아 줄 때까지 그렇게 해야 해.

세계에서 가장 강한 여자라고 불리는 힐러리조차도 20대에 열정적으로 멘토를 찾았어. 그리고 멘토의 회사에서 무보수로 일하면서 치열하게 배웠어.

뒤에서 자세하게 설명하겠지만, 내 공식 멘티 1호는 정회일이라는 사람이야. 이 친구가 내 공식 멘티가 되기까지 인내해야 했던 시간이 총 3년이야.

난 그 3년 동안 정회일을 시험하고 또 시험했어.

언제나 불가능한 과제만을 주었고, 언제나 꾸중과 질책만 했지만, 그는 다 해냈고, 다 받아들였어. 그리고 엄청난 성장을 했지.

내가 가르쳐 주었거든. 남들이 10년 걸려도 하기 힘든 일을 1년 만에 해내는 방법을.

내 자랑을 하려고 이 말을 한 게 아냐. 사실 내가 정회일에게 가르쳐 준 것은 웬만한 자기계발서에 다 나오는 내용이니까.

난 다만 책에 글씨로 쓰여 있는 내용을 입체적으로 보여 준 것에 불과해.

네 핸드폰에는 멘토의 전화번호가 저장되어 있니?

네 일주일 스케줄표에는 멘토와의 만남의 시간이 있니? 남들이 10년 걸려서 해내는 일을 1년 만에 해내는 방법을 가르쳐 주고, 너로 하여금 그렇게 하도록 독려하는 사람과 정기적으로 만나서 치열하게 배우는 시간 말이야.

마지막으로 이것을 한 번 생각해 보자.

"어쩌면 내가 별 볼일 없는 20대를 살아가고 있는 것은, 멘토가 없기 때문은 아닐까?"

가슴이 시키는 일을 하라

난 네가 네 자신의 한계에 도전했으면 좋겠어.

스스로를 위해서, 사랑하는 사람들을 위해서, 우리나라를 위해서, 아시아를 위해서, 세계를 위해서, 인류를 위해서.

나는 감히 말하고 싶어.

지금 이 순간 자신의 한계에 도전하고 있지 않은 사람은 나이와 상관없이 노인이요, 진정한 패배자라고.

인생은 짧아.

그리고 세상에 네 도움을 필요로 하는 곳은 차고 넘쳐.

난 알아. 하나님께서 너를 세상에 보낸 이유를.

그건 세상을 보다 아름답고 행복하게 만들라는 거야.

네가 세상을 변화시키려면 무엇보다 네 자신부터 변화시켜야겠지.

깨어 있지 못한 안이한 정신을 거부해야겠지.

가슴이 뜨겁지 않은 모든 순간을 거부해야겠지.

한 번뿐인 인생. 세상의 눈치를 볼 필요가 있겠니?

네 자신에게 집중하기에도 부족한 것,

그게 삶 아니겠니?

난 네가 가슴이 시키는 일을 했으면 좋겠어.

미지근하지 않고 뜨겁게 살았으면 좋겠어.

활활 불타올랐으면 좋겠어.

너 자신을 위해,

사랑하는 사람들을 위해,

세상을 위해.

난 생각해.

네가 자신의 한계에 도전해야 세상의 한계에도 도전할 수 있다고.

그러니 20대의 모든 순간들에 네가 깨어있었으면 좋겠어.

뜨겁게 깨어있었으면 좋겠어.

질문하는 자는 답을 파할 수 없다

지난 며칠은 내게 있어서 지옥 같은 시간이었어.

다행스럽게도 그것은 지나갔어.

이제 나, 모두를 위해 희망의 질문을 던져.

1. 고통스러웠던 지난 며칠의 경험에서 내가 배울 점은 무엇인가?
2. 이 경험을 발판으로 삼아 더 나은 나를 위해 도약할 준비가 되었는가?
3. 내년 오늘, 지금을 돌아보고 후회하는 대신 자부심을 가지

려면 지금부터 나는 어떻게 해야 하는가?

질문하는 자는 답을 피할 수 없다는 카메룬 속담처럼
발전적인 질문을 던지니
발전적인 답변들이 머릿속으로 축복처럼 쏟아지고 있어.
나는 지금
눈부신 전진을 하고 있는 거야.

내 나이 아흔이 되어도
스무 살의 그 눈동자 그대로 불타오르기를
여전히 꿈에 미쳐 있기를
여전히 제정신이 아니기를
여전히 뜨거운 피로 펄펄 끓고 있기를
여전히 무시무시한 이상에 사로잡혀 있기를
여전히 이런 글을 쓸 수 있기를.

Chapter Four 인생에서 진짜 배워야 할 것

기적을 이루는 밤

진실로 마음을 하나로 모으면 하루 0시간 수면도 가능해.

어떻게 그런 일이 가능하냐고?

아직 경험해 보지 못했다면 그렇게 묻지 마. 그건 가르쳐 줄 수 있는 게 아니니까. 그건 몸으로 체험하는 경지니까. 사랑하는 사람과의 키스가 그러하듯이.

0시간 수면하고 나면 다음 날 초죽음이 될 것 같지?

천만의 말씀이야.

가슴속에서 사람을 엄청나게 설레게 만드는 뭔가가 밑도 끝도 없이 쏟아져 나와서 온종일 몸이 날아갈 것만 같은 기분만 느껴져. 심지어는 발을 조금만 높이 들면 그대로 구름 위로 날아올라 갈 것만 같아서 발걸음조차 조심하게 돼.

어떻게 하면 그런 경지에 도달할 수 있냐고?

마음이 중요한 것 같아.

그런 경지에 도달하기를 간절히 바라는 마음 말이야.

그러면 의학이나 과학으로는 설명할 수 없는 어떤 기적적인 힘이 생겨.

잠을 파격적으로 줄이는 방법을 가르쳐 주는 책에 나오는 테크닉은 효과가 제법 크지만 단점이 있는 것 같아. 얼굴이 늙어 버리는.

하지만 진실로 마음을 모아서 도달하게 되는 그 경지는 전혀 달라. 도리어 얼굴이 젊어질 수 있어.

하루 0시간 수면은 하루 이틀이면 모를까 자주 반복하다 보면 건강에 큰 무리를 줄 수도 있으니 난 네게 하루 4시간 수면을 추천하고 싶어.

그럼 넌 하루 20시간을 네 미래를 위해서 쓸 수 있겠지. 아니 2시간은 식사 등을 해야 하니까, 하루 18시간을 쓸 수 있을 거야.

20대의 10년을 그렇게 살라는 이야기가 아냐.

난 딱 3년만 그렇게 살아 보라고 말하고 싶어. 물론 건강상태를 봐 가면서.

1만 시간의 법칙이라고 들어 보았지? 1만 시간 동안 노력하면 누구나 자기 분야의 전문가가 될 수 있다는. 하루 18시간×3년×365일=1만 9710시간이야. 어때, 감이 오지? 내가 왜 3년 동안 4시간만 자 보라고 하는지.

3(4)시간 수면법은 세상의 성공한 모든 사람이 지키는 성공

의 법칙이기도 해. 여기에 대해서는 내 다른 책『18시간 몰입의 법칙』을 참고하길 바래.

난 네게 말하고 싶어.

만일 네가 앞으로 3년 동안 하루 18시간씩 일한다면 넌 3년 뒤에 '성공한 여자'라는 말을 듣게 될 거라고.

난 네가 꿈을 위해, 미래를 위해 하루 18시간씩 불사를 수 있는 그런 강한 여자가 되었으면 좋겠다.

내 가슴속 꿈이 진짜 현실이다

무명작가 시절에 난 그런 상상을 자주 했어.

난 꿈의 세계에서 잠시 유배당한 사람이라고. 이 재미없고 꽉 막힌 현실세계로 말이야.

20대 시절 난 내 눈에 보이는 현실을 부정했어. 대신 내 가슴 속에서 살아 꿈틀대는 꿈이 진정한 현실이라고 선포했어.

물론 아무도 동의하지 않았지.

하지만 그런 건 전혀 중요하지 않았어.

난 남의 의견에 따라 살고 싶었던 게 아니었으니까.

난 내 가슴을 뜨겁게 만드는 그 무엇을 살고 싶었으니까.

난 네게 권하고 싶어.

네가 진정 꿈을 가졌다면 네 눈앞에 보이는 현실은 거짓이라고 생각하라고.

대신 네 가슴속에 있는 꿈이 진정한 현실이라고 믿으라고.

꿈을 이룬다는 것은 그렇게 간단한 게 아냐. 내 경우만 봐도 14년 7개월이라는 시간이 필요했어. 그 14년 7개월 동안 대충 살았던 날이 거의 하루도 없어. 매일 힘에 부칠 정도로, 때론 뼈가 부서진다는 표현이 어울릴 정도로 나 자신과 투쟁하면서 살았어.

하지만 말이야. 놀라운 사실이 있어.

만일 네가 꿈을 포기하지 않으면, 세상 모두가 넌 안 된다며 손가락질해도 엉엉 우는 대신 이미 꿈이 이루어진 모습을 생생하게 꿈꾸면서 행복하게 미소 지으면, 꿈을 영원히 꿈으로 남겨놓고 사느니 차라리 꿈을 추구하다 죽으리라, 하면서 미친 듯이 달리면, 네 마음의 날개를 펴고 훨훨 날아가다 보면 언젠가 기적처럼 꿈이 이루어져. 이건 내 경험에서 나온 말이야.

그러니까 너도 한 번 해봐.

언제까지 지금처럼 살 거야? 네가 상상하는 네 자신은 독수리잖아. 날개를 펴고 광활한 창공을 훨훨 나는 그런 멋진 새잖아. 그런데 넌 왜 날개를 펴기를 주저하는 거야.

날개를 활짝 펴!

너로 하여금 꿈을 포기하게 만드는 현실이라는 절벽 아래로 화려하게 뛰어내려!

그러면 넌 만나게 될 거야, 하늘을 날고 있는 네 자신을.

그러니까 한 번 해봐!

넌 네 생각보다 훨씬 더 잘할 수 있어!

날기 위해서는
—달팽이에게서 배운 진실

살아 있는 것들은 왜 하나같이

자기 몫의 슬픔을 끌어안아야 하는가

커가면서 슬픔에 대해 알게 되었네

산다는 것은

자기 몫의 슬픔을 조금씩 늘려 가는 것

웃고 있는 사람들에게조차 슬픔은 있었네

행복하다고 말하는 사람들조차

자기만의 공간에서는 서럽게 울고 있었네

왜 슬픔은 숙명처럼 생명 속에 존재하는가

신조차도 육체 안에 있었을 땐

나무 위에 처참하게 매달렸듯이

살을 벗기 전엔 슬픔 또한 벗을 수 없다고

녹슨 핀에 꽂혀 꿈틀대는

실험실의 황금잠자리처럼

절망의 심연 속을 퍼덕거리던 내게

달팽이는 말했네

껍질은 그냥 짊어지고 가면 된다고

20대의 어느 날에 쓴 시야. 그때 난 지독한 아픔과 고통 속에서 퍼덕이고 있었지. 그 어느 날 이 시가 불현듯 내 안에서 솟아 나왔어. 난 오 분도 안 되는 시간에 받아 적었지. 나의 20대는, 단 하루도 편안한 날이 없었어. 난 왜 그렇게 힘들었던 걸까, 라고 묻고 싶진 않아. 그냥, 내가 감당해야 할 아픔이었다고 생각하니까. 누구나, 짊어져야 할 슬픔 또는 고통 같은 것.

오늘 대학시절로 되돌아간 꿈을 꾸었어. 정말 잔인하고 우울했어. 그 꿈을 차근차근 되새기며, 좋게 해석할 근거를 찾으며, 도서관을 향해 걸어가는 동안 난 문득 이런 생각을 했어.

"하나님께서는 날개를 가진 사람만 벼랑 끝으로 모신다. 왜냐하면, 벼랑 끝으로 떨어질 때라야 비로소 그가 날개를 펴고 날기 시작하기 때문이다."

내가 벼랑 아래로 추락하고 있다고 생각했던 20대의 그 시간, 사실은 내가 날개를 펴고 날아가던 시간이 아니었을까?

단 1센티미터라도 전진하기를

난 대학을 6년이나 다녔어. 왜 그랬느냐고 묻지 마. 설명하면 복잡하니까.

난 대학생활을 누려 본 적이 거의 없어. 혼자서 아파하고 방황하느라.

내게는 20대가 10년이나 있었어. 하지만 단 하루도 20대답게 살아 본 적이 없어. 고통 속에서 허덕이고 몸부림치느라. 서른 살이 되었을 땐 마치 백 년이라도 산 것 같은 기분이 들었을 정도였어.

처음에 베스트셀러가 나왔을 때 가장 하고 싶은 일이 있었어.

내가 졸업한 대학 바로 옆에 집을 구해서 1년간 살아 보는 것. 그렇게 나는 내 아픈 대학생활을 치유하고 싶었던 거야.

그런데 부동산에 전화해 보니까 빈집이 없더라.

대학의 그 분위기도, 20대의 그 풋풋함도 누려 본 적이 없지만 난 후회하지 않아. 단 하루도 뒷걸음쳐 본 적이 없으니까.

비록 세상이라는 거대한 악惡에게 짓밟힌 채, 꿈틀거리는 수준이었지만, 나는 매일 앞으로 나아갔어. 내 가슴속을 가득 채운 꿈이라는 별 하나를 믿고서.

그리고 마침내 난 보았어. 15년 가까이 내 가슴속에만 있었던 별이 하늘로 올라가 세상을 비추는 것을.

지금 어디선가 고통받고 있을 네게 해 주고 싶은 말이 있어. 아무리 힘들고 눈물 나는 일만 있어도 매일 앞으로 나아가길 바래. 단 1센티미터라도 전진하길 바래

머뭇거리거나 주저앉아 있는 사람에게는 희망이 없어.

희망은 오직 앞으로 나아가는 사람에게만 있어.

넌 희망의 증거가 되기 위해서 지금 고통을 받고 있는 거야.

그러니까 네 가슴속의 별을 믿고 앞으로 달려가는 거야!

네가 인간이라는 증거, 우울증

나는 가끔 우울할 때가 있어.

네게만 말할게.

사실은 나 지금 좀 우울해.

글을 쓰는 일은 늘 외로움과 마주해야 하는 일이야. 나도 사람인데, 외로움에 영향을 받지 않을 수 없겠지.

어쩌면 넌 이런 말을 하는 내게 실망할 지도 모르겠다.『꿈꾸는 다락방』같은 책만 보고서 이지성이라는 사람은 정말이지 부정적인 감정이라고는 단 한 치도 모르는 긍정적인 에너지의 소유자라는 환상을 갖게 되었다면 말이지.

하지만 인간이 어떻게 그렇게 늘 긍정적일 수 있겠니. 난 이런 말을 하고 싶어. 이지성이라는 사람은 어쩌면 가장 나약하고 가장 무기력하고 가장 부정적이기 때문에 그런 글을 쓸 수 있었던 게 아니겠냐고.

오늘, 책은 읽히지 않고, 글은 써지지 않고, 몸은 좋지 않고, 머리는 아프고, 재미있는 일은 하나도 없고, 우울과 작은 분노, 슬픔, 아픔 같은 것이 지치지도 않고 내 마음속을 침범하고 있어.

하지만 난 다만 견딜 뿐이야.

앞으로 나아갈 뿐이야.

오늘 내가 고통 속에 몸부림치다가 고작 1센티미터를 전진했다고 하더라도, 전진은 전진이니까.

내가 정체되거나 안주하지 않으려고 보다 더 높고 아름답고 빛나는 곳으로 가려고 발버둥을 치고 있다는 사실 자체가 내게는 큰 위안이자 엄청난 자부심이야.

우리는 신도, 천사도, 악마도, 동물도, 무생물도 아니잖아. 그러니까 당연히 우울해할 수 있는 거야.

난 우울증을 그렇게 생각해. 내가 인간이라는 사실을 알려 주는 여러 증거 중 하나일 뿐이라고.

만일 네가 나처럼 가끔 우울해지는 스타일이라면 그때마다 그냥 웃어넘겼으면 좋겠어.

넌 인간이기 때문에 가끔 우울해지기도 하는 거니까.

미칠 듯 암담하다면

내가 초등학교 선생님을 하고 있었을 때.

머리는 어깨까지 기르고, 울긋불긋한 색깔의 옷을 입고, 이상한 샌들을 신고 다녔던 그때.

교사답게 머리를 깔끔하게 자르라며 야단치던 교장에게, 나는 머리가 길어야 행복하고 내가 행복해야 아이들을 잘 가르칠 수 있으니 그럴 수 없다며 저항하던 그런 스타일의 사람이었을 때.

가끔씩 오늘의 나를 생각하면 한숨만 나왔어.

도대체 쓰는 책마다 실패하는 사람이, 그것도 변화와 도전 같은 것과는 거리가 먼 직업에 종사하는 사람이, 동화나 자녀교육 또는 공부법 책도 아니고 자기계발서를 써서 어떻게 베스트셀러 작가가 될 수 있단 말인가 하는 생각에.

그땐 내가 꼭 그런 인간 같았어.

역전의 용사들을 모두 먹어 치운 거대한 용이 살고 있는 동굴로 고작 몽둥이 하나 들고 가는.

최고의 갑옷을 입고 최고의 무기를 들고 최고의 말을 탄 기사들도 해치우지 못한 용을 몽둥이 하나 들고 때려잡으러 가는 꼴이라니.

내가 생각해도 황당했어.

하지만 그런 암담함이 밀려들 때마다 난 스스로에게 이렇게 말해 줬어.

"내가 최초의 인물이 되면 되지 뭐. 불을 뿜는 용을 몽둥이로 때려잡은 사람, 뭐 딱 내 이미지네. 좋아. 좋아. 넌 할 수 있어. 할 수 있다고."

어느 날 난 그 용을 진짜로 때려잡게 되었어.

몽둥이로.

그 뒤로 내 인생은 완전히 바뀌었지.

너도 할 수 있을 거야.

네 앞을 가로막고 불을 뿜어대는 사악한 용을 맨주먹으로도 때려잡을 수 있을 거야.

네가 진실로 할 수 있다고 믿는다면, 기적은 어느 날 갑자기 벼락처럼 찾아올 거야.

그러니까 오늘도 씩씩하게 앞만 보고 가는 거야.

넌 할 수 있어!

매일 처절하게 실패하라

작가로 산다는 것은 자기 자신에게 매일 도전한다는 거야.

사는 게 너무 힘든 나머지 그저 바보처럼 앉아서 멍하니 쉬고 싶을 때라도 책을 손에 붙들겠다는 거야.

날씨가 너무 화창해서 그냥 놀아 버리고 싶은 날에도 책상 앞에 앉아 글을 쓰겠다는 거야.

세상이라는 거대한 물결에 그냥 휩쓸려 사는 것이 아니라 세상을 향해 "네가 틀렸다!"라고 외치면서 살겠다는 거야.

　모두가 절망과 어둠을 볼 때에도 홀로 희망과 빛을 보겠다는 거야.

　하루하루를 나무처럼 돌처럼 그저 존재하면서 살아가는 게 아니라 세찬 강물을 거슬러 오르는 연어처럼 저항하고 도전하면서 살겠다는 거야.

　난 부끄럽게도 이런 멋진 작가의 삶을 사는 데 늘 실패하는 것 같아. 진짜야. 난 매일 처절하게 실패해. 하지만 난 항상 다시 도전해. 그래, 어쩌면 글을 쓰는 것보다는 도전하는 게 내 직업일 수도 있어. 아무튼 난 매일 이렇게 살아가고 있어. 내가 과연 잘 살고 있는지 의문스러울 때도 많지만, 그래도 뿌듯해.

꿈을 가진 사람에게

　비웃음과 비난, 무시와 멸시를

던지는 사람들아
실패와 좌절, 눈물과 한숨을
안기는 세상아
계속 던져라
내게 계속 안겨라
언제나 그래 왔듯이
내게 주어지는 이 모든 악惡을
오늘도, 내일도
나는
웃는 얼굴로 받아들일 것이니
당신들이 던지는 돌멩이를
내 성실한 땀방울로 씻어
빛난 열매로 바꿀 터이니
비웃으라, 사람들아
핍박하라, 세상이여
나는 내 꿈의 화신이 되어
앞으로, 오직 앞으로만 나아갈 것이니

이 시는 내가 2004년 여름에 쓴 시야.

이 시를 쓰기 며칠 전, 난 여자친구에게 버림을 받았어. 그녀는 슬픈 얼굴로 말했지. 나를 사랑하지만 나와 인생을 함께할 수는 없을 것 같다고. 난 담담하게 보내 줬어. 내가 생각해도 초등학교 선생님 월급으로는 수억 원에 달하는 보증빚을 갚을 길이 없었으니까.

이 시를 썼던 날, 미친 듯이 비가 왔어. 아마도 내 인생에서 가장 힘든 날이었을 거야. 1년 4개월 동안 하루 서너 시간 자면서 쓴 『18시간 몰입의 법칙』이라는 원고를 80번째 출판사로부터 거절당한 날이었으니까.

난 그날, 우는 대신 시를 썼어. 이어 밤새도록 글을 썼어. 내가 독했다기보다는, 그러지 않았다면 아마 '자살' 밖에는 달리 할 게 없어서 그랬을 거야. 어쩌면 난 자살할 용기가 없어서 밤새도록 글을 썼는지도 몰라.

꿈을 갖고 분투한 지 11년이 넘었던 그날, 내가 세상으로부터 받았던 것은 꿈이 이루어졌다는 소식이 아니라, 여자친구의 슬픈 이별통보와 80개 출판사의 거절통보였지만 난 변함없이 꿈을 믿었어. 그리고 꿈의 길을 걸었어.

너도 어떤 시련이 닥쳐와도 강하고 뜨겁게 꿈의 길을 가길 바래. 그리고 그 길의 끝에 서 있는 자신을 만나길 바래.

무슨 일이 있어도 끝까지 견디고 끝까지 이겨서 반드시 꿈을 이루길 바래.

언젠가 네가 내게 꿈을 이루었다는 말을 해 줬으면 참 좋겠다.

나는 언제나 꿈을 가진 너를 응원해.

가슴이 가리키는 길을 가라

갑자기 닥쳐온

인생 앞에서

젊은이여

주저하지 마라

결코

당황해하지도 마라

두 눈 부릅뜨고 서라

그대의 인생 위에 서라

그리고
한 가지 주제를 정하라

걸으라
분위기 있고
짜임새 있게
자유롭게
개성적으로
그대 스스로가 정한
그대 자신의 길을

내가 스무 살 때 쓴 시야.

1997년에 출판된 『언제까지나 우리는 깊디깊은 강물로 흐르리라』는 시집에 포함되었다가, 세상에서 잊혀졌는데, 2008년에 출간된 『수호기사의 편지』에서 다시 선을 보였어.

부끄럽게도 난 내 시처럼 살지 못했어. 부모님이 정해 준 인생, 초등학교 선생님의 길을 걷고 있었어. "이건 네 길이 아니야!"라고 말하는 가슴의 소리를 애써 외면한 채.

굳이 변명을 하자면 난 당시만 해도 정말 여린 마음의 소유자였거든. 바람에 흔들리는 장미만 봐도 마음이 아팠을 정도로.

그래서 난 죽을 만큼 싫었음에도 불구하고 부모님이 원하는 삶을 살았어. 부모님을 슬프게 만들 자신이 없었거든. 난 무려 14년 가까이 부모님이 원하는 길을 걸었어.

초등학교 선생님이 되기까지 걸린 처음 7년은 오로지 부모님 때문에, 초등학교 선생님으로 살았던 다음 7년은 생계 때문에.

물론 난 그 14년을 후회하지는 않아. 하지만 하늘만큼 바다만큼 큰 아쉬움이 생기는 것은 어쩔 수 없어. 난 스무 살 때 집에서 도망치고 싶었거든. 정말 미치도록 말이야. 그런데 그렇게 하지 못했어. 엄마 때문에.

아마 넌 아직 잘 모르겠지만, 한국은 '잔혹하다'는 표현이 어울릴 정도로 무시무시한 자본주의 사회야. 이 사회에서 인간의 존엄을 지키면서 살아간다는 것은 상상을 초월할 정도로 어려워. 때문에 난 함부로 말하고 싶지 않아. "네 가슴이 시키는 길로 가라!"고.

하지만 말이야. 만일 내가 다시 스무 살로 돌아간다면, 난 과감히 교대를 중퇴하고 내 길을 갈 거야. 집에서 멀리 도망쳐서 내가 원하는 삶을 살 거야. 그리 오래 살진 않았지만, 내 지난 삶을 돌아보면 그게 옳은 것 같아.

네가 만나야 할 또 다른 너

내 안에는 있어.

무시무시한 어떤 '것'이, 사람들의 가슴에 섬뜩한 깨달음의 칼날을 꽂고야 말 '무엇'이.

내 안에 잠재돼 있는 그 '것'

내 피 속에 숨겨져 있는 그 '것'

언젠가는 이 글을 쓰고 있는 나를 갈기갈기 찢어 버리고는

"내가 바로 진짜 너야!"라고 소리칠 그 '것' 을 나는 문득문득 느껴.

내 안의 또 다른 나, 내 삶을 송두리째 바꿔 놓을 어떤 운명, 내가 죽는 날까지 깨어나지 않기를 바라는 그 '것' , 허나 내 삶의 어느 순간에 반드시 깨어날 것을 예감하고 있기에 아무도 모르는 가슴 떨림으로 기대하고 기다리는 그 '것' 을, 나는 분명하게 느껴.

내 안의 그 존재가 깨어나면, 내 피 속의 그가 '인생' 이라는 잠을 깨면, 아마도 지금의 나는 허무하게 파괴되고 말겠지.

난 소망해.

제발 그 깨어남이 아름다운 것이었으면 하고.

사람들에게 상처를 주지 않는 것이었으면 하고.

너도 느끼고 있니?

네 안의 또 다른 '너' 를.

네가 만일 이 글을 읽고 전율을 느꼈다면, 넌 나와 같은 영혼을 가진 사람일 거야.

생각한 대로 살지 않으면
사는 대로 생각하게 된다

혹시 이런 말 들어 본 적 있니?

"생각한 대로 살지 않으면 사는 대로 생각하게 된다."

생각은 비유하면 인생의 나침반이야.

아무리 최고급 선박이라도 나침반이 고장 나면 엉뚱한 곳으로 항해하겠지.

인생도 마찬가지야.

생각의 초점을 자신이 살고 싶은 인생에 맞추지 않으면 자신이 살고 싶어하지 않았던 인생을 살게 돼. 뭔가 불만족스러운 인생을 살고 있는 어른들이 주변에 좀 계실 거야.

그분들을 찾아가서 한 번 물어봐 봐.

20대 시절에 생각의 초점을 당신이 꿈꾸는 삶에 치열하게 맞췄냐고.

백이면 백 그런 적 없다고 말씀하실 거야.

네 머릿속의 나침반은 지금 어디를 가리키고 있니?

사람다운 삶

내가 생각하는 남자다운 삶은

알람소리 울리면 10분 안에 벌떡 일어나기

아침마다 운동하기

밥 꼭꼭 씹어 먹기

출근길에 민망한 차림의 여성분 쳐다보지 않기

야한 생각 이기기

부드럽고 믿음직한 미소 짓기

'죽겠네', '에이 뭐야', '쳇' 이런 말 대신

'잘될 거야', '잘해볼까?' 이런 말 쓰기

하루 30분 이상 인터넷 사용하지 않기

머릿속을 좋은 생각으로 채우기

시도 때도 없이 마음속으로 들이닥치는 불평불만의 파도를 익숙한 솜씨로 타고 넘기

내 삶에 닥친 문제보다 내 의지가 내 의지보다 하나님의 선하심이 더 크다는 것 인정하기

마음을 빛나게 만들어 수시로 하나님께 감사하기

그리고……

존경할 수 없는 사람 존경하기

용서하고 싶지 않은 사람 용서하기
저주하고 싶은 사람 사랑하기
……
이런 것들이 비록 잘 지켜지지 않더라도
할 수 있다고 믿으면서
지속적으로 실천하는 삶.

거리를 걷다가
식당에서 밥을 먹다가
지금 혼자 걷고 있구나,
지금 혼자 먹고 있구나, 라는 생각에
기분이 좀 이상해지면
난 나를 스머프라고 생각해,
잠시 인간 세상에 놀러 나온.
랄랄라 랄랄라 랄라랄라라~
스머프 노래를 부르면서
딸기 한 바구니 손에 들고
스머프 마을로 돌아가는.
그럼 기분이 좋아지거든.
때론 스머프의 눈으로 세상을 봐봐.

Chapter Five

기대기보다
기대되는
여자가 돼라

술에 취해 거리를 헤매는 네게

오늘 거리에서 문득 이름도 모르는 너를 보았어.
무슨 억울한 일이 그렇게 많았는지
넌 술에 잔뜩 취해서 비틀거리고 있었지.
난 환한 가로등 아래 보기 흉하게 쓰러져 있는 너도 보았고
친구를 붙들고서 꼬인 혀로 하소연하고 있는 너도 보았어.
난 마음속으로 네게 이렇게 물었던 것 같아
넌 네 꿈에 대해서 그렇게 눈물 흘려 본 적 있니?
아직 이루어지지 않은 네 꿈 때문에
화가 나고 슬퍼서 밤거리에 주저앉아 소리를 지르다가
쓰러져 본 적 있니?
꿈꾸기조차도 두려워하는 너 자신에게 실망해서
친구에게 밤새도록 하소연해 본 적 있니?
이쯤 이야기했으면 너도 짐작할 거라고 생각해
내가 무슨 말을 하려고 하는지.
 난 네가 꿈에 취하길 바래, 술이 아니라.

20대만의 특권

 미칠 것 같은 불안감 -

 터질 것 같은 가슴 -

 어딘가에 총이라도 쏘고 싶고 -

 누군가에게 흠씬 두들겨 맞고 싶은 -

 그런 감정이 쉬지 않고 가슴을 침범하던 20대 시절.

 내가 가장 부러워했던 존재는

 아마존의 어느 깊은 밀림에서 있는 듯 없는 듯 살아가고 있을 돌멩이들이었어.

 돌멩이처럼 살다가 돌멩이처럼 가고 싶다.

 당시 나의 가장 큰 소망 중 하나였지.

 '마음'이라는 게 너무 힘들어서 '마음' 없이 살고 싶었다고나 할까.

 그래서 20대엔 노자(老子)의 제자 장자(莊子)를 참 좋아했어.

 허무주의에 깊이 빠져 들기도 했고.

 때로는 이 망할 지구에 휘발유를 들이붓고는 불을 질러서 없애 버리고도 싶었어.

그 정도로 지구와 인간이 싫었어.

그리고 그런 악마 같은 생각을 하고 있는 내가 또 싫었어.

지금은 이해해.

그때의 그 미친 감정이 20대만의 특권이었다는 사실을.

그때 나를 그토록 힘들게 했던 그 모든 것 또한 20대만의 특권이었음을, 인.정.해.

15년 뒤의 네 모습

지금으로부터 약 15년 전의 일이야. 난 친구와 함께 서울로 가는 버스에 올랐어. 내 시집을 출판하고 싶다는 출판사를 방문하기 위해서였어. 마포 거리를 조금 헤매다가 출판사에 도착했어. 사장과 편집자 단 두 명이서 꾸려 나가는 작은 출판사였어. 사장은 영업을 뛰느라 자리에 없었어. 의자에 앉아서 몇 시간을 기다렸지만 사장은 나타나지 않았어. 그리고 출판계획은 없던 일이 됐어. 아마 그때가 세 번째였을 거야. 출판사 사장의 변덕으로 출판계획이 무산되었던 게.

난 그렇게 아무 소득 없이 다시 멀고 먼 남쪽으로 내려와야 했고, 혼자만의 방황과 혼자만의 슬픔과 혼자만의 아픔을 계속 겪어야 했어.

교육대학교를 졸업했지만 평균평점 2.2로는 임용고시를 볼 수가 없었어. 보나마나 떨어질 테니까. 그렇다고 대학원에 갈 수도 없었어. 대학원은 평균평점이 3.0 이상인 사람만 받았거든. 하여 한 법과대학에 편입했어. 모집정원이 2명이었는데 2명이 지원해서 부담 없이 합격했어. 내가 편입했던 이유는 리듬을 깨고 싶지 않아서였어. 한창 열심히 책을 읽고 글을 쓰면서 내공을 쌓고 있었는데, 군대를 가게 되면 그게 허물어질까 봐 걱정스러웠지.

그렇게 열심히 글을 썼기 때문일까? 난 기적처럼 시집을 두 권이나 출판하게 됐어. 당시만 해도 시집이 불타나게 팔리던 때였어. 난 내심 기대했지. 이제 유명해질 일만 남았군 하고.

첫 시집이 세상에 나오고 한 달쯤 지났을 무렵 출판사에서 전화가 왔어. 수화기에서 사장의 차가운 목소리가 들렸어.

"시집이 전혀 안 팔려요. 반품만 계속 들어오고 있어요. 이러다가 초판 전부 반품처리 될 것 같은데, 혹시 전부 구매할 생각 있어요?"

난 전량 구입하고 싶지만 돈이 없다고 대답했어. 그랬더니 사장은 창고에 보관하면 보관료가 들고 폐기 처분하는 것도 비용이 드니까 낙도와 군부대에 기증하고 싶은데, 어떻게 생각하느냐고 물었어. 난 마음대로 하시라고 대답하고는 전화를 끊었어. 그리고 울상이 된 얼굴로 몇 달을 살았어.

다른 출판사에서 나온 두 번째 시집도 같은 운명을 걸었어. 덕분에 난 또 시체 같은 얼굴로 몇 달을 살아야 했고.

그렇게 살다가 군대를 갔어.

모든 게 힘들고, 모든 게 아프고, 그냥 건드리기만 해도 눈물이 나올 것 같은 그런 얼굴로 살았던 15년 전의 나.

오직 꿈 하나만을 믿고서 미친 듯이 울면서 앞으로 나갔던 15년 전의 나.

그때의 나를 돌아보면 아직도 가슴이 많이 아파.

하지만 그런 세월이 있었기에, 이렇게 책을 통해 너와 정신적으로 친구가 될 수 있는 것 아니겠어.

그걸 생각하면 15년은 결코 잃어버린 세월이 아니라고 생각해.

너를 만나기 위한 기다림의 시간이었던 거지.

그래, 그렇게 생각하면 난 웃을 수 있어.

얼마든지 기쁘게 15년 전의 나를 추억할 수 있어.
년 15년 뒤에 어떤 사람이 되고 싶니?

자기계발 없이는 재테크도 성공 못한다

내가 앞에서 소개한 황희철은 이렇게 말하고 있어. 성공하는 법은 오직 자기계발서를 통해서만 배울 수 있다고. 실제로 그도 자기계발서를 치열하게 읽고 실천해서 성공자의 대열에 들어섰어.

그의 여러 직업 중 하나가 재무설계야. 그는 지난 6년간 1천여 명에게 일대일로 재테크 설계를 해 줬어. 그가 교육한 직원들이 한 것까지 합하면 4천여 명의 재테크 설계를 해 주었다고 할 수 있어. 그중 70퍼센트가 20대 여성이야. 쉽게 말해서 그는 "평범한 20대 여성은 어떻게 살아야 최고의 재테크를 할 수 있는가?"라는 질문에 가장 완벽한 답을 내놓을 수 있는 사람이야.

그가 말하는 최고의 재테크는 주식이나 부동산 투자가 아니라 '자기계발'이야. 그는 단언하고 있어. 자기계발을 하지 않는 사람은 어떤 재테크를 해도 성공할 수 없다고. 재테크의 처음이자 끝은 자기계발이라고.

황희철이 추천하는 최고의 자기계발비법은 성공한 사람들에 관한 책을 읽는 것, 즉 '넓은 의미의 자기계발 서적 읽기'야.[8] 이유는 간단해. 그 자기계발 서적 안에 성공에 관한 모든 것이 들어 있으니까. 물론 황희철이 말하는 '읽기'는 책의 내용을 목숨 걸고 실천하는 것까지 포함하고 있어.

세상의 모든 성공한 사람은 황희철과 똑같은 말을 하고 있어. 여기에 대해서는 네가 그들이 쓴 책을 읽어 보면 잘 알 수 있을 거야.

한 사람 이야기를 더 해줄게. 지금으로부터 약 5년 전, 그녀는 청주에서 가장 허름한 임대 아파트에서 목숨을 끊으려 하고 있었어. 하지만 마지막 남은 여자의 자존심이랄까, 아니 아니야, 그녀에게는 두 아이가 있었어. 아마도 그 두 아이에 대한 사랑이 그녀로 하여금 절대로 해서는 안 될 선택을 하지 못하게 했을 거야.

그녀는 다시 시작했어. 아무 희망도 없는 예전의 삶을. 그렇

---

[8] 여기에 대해서는 뒤에서 설명할게.

게 2년이 흘렀어. 어느 날 그녀는 한 책을 만났어.[9] 그리고 그 책에 자신의 인생을 걸어 보기로 했어. 그러니까 그 책에서 하라는 대로 해보기로 한 거야. 목숨을 걸고서 말이지.

그리고 작년에 Daum 폴레폴레 까페에 엄청난 글이 올라왔어. 지갑에 단 돈 3만원밖에 없었던, 자살을 생각해야 했던, 인생의 벼랑 끝에 몰렸던 한 40대 여자가 2년 만에 세계 40개국에 진출해 있는 한 글로벌 기업에서 아시아 3위의 성취를 이루었다는.

그녀의 이름은 정은희. 우리 나라에 다섯 명밖에 없다는 메리케이 코리아 NSD(National Sales Director)야. 지금 그녀는 더 크고 아름다운 꿈을 위해 달리고 있어. 메리케이 세계 1위를 하는 것 그리고 과거의 자신처럼 절망스러운 처지에 있는 여성에게 새로운 세계를 열어 주는 것.

---

[9] 너도 한 번 들어 봤을 거야. 『꿈꾸는 다락방』이라는 책이야.

너도 한 번 해봐. 네게 용기와 힘을 주는 책을 그저 눈으로만 읽지 말고, 그저 감동하는 데서 그치지 말고, 한 번 인생을 걸고 실천해 봐. 너도 도전하면 큰 꿈을 이룰 수 있어.

마지막으로 이 말을 들려주고 싶어. 일전에 한 성공한 30대 여자와 밥을 먹은 적이 있어. 그녀는 이렇게 말했어.

"자기계발서를 반드시 읽어야 하는 애들일수록 꼭 자기계발서를 무시해요."

그녀는 잠시 후 이렇게 덧붙였어.

"자기계발서 안 읽어도 되는 애들일수록 꼭 자기계발서를 열심히 읽어요."

네게 묻고 싶어.

"넌 어느 쪽이니?"

정말로 변화를 꿈꾼다면

2006년 어느 날의 일이야. 정회일이라는 사람에게서 메일이 왔어. 만나고 싶다는. 나는 답을 하지 않았어. 며칠 뒤 같은 내용의 메일이 또 왔어. 나는 간곡한 거절의 답장을 보냈어. 내 기억에 따르면 얼마 뒤 메일이 두세 통 더 온 것으로 알고 있어. 몇 달 뒤에 또 만나고 싶다는 메일이 왔고, 나는 그럼 내가 근무하는 초등학교로 오라고 답장을 보냈어.

아직도 생생하게 기억나. 정회일을 처음 만났던 그 순간이. 난 어깨에 닿을 정도로 기른 머리를 바람에 휘날리며 운동장에 서 있었어. 그런데 아무리 찾아봐도 그가 보이지 않는 거야. 분명히 운동장에 도착했다고 했는데, 라고 중얼거리면서 나는 통화 버튼을 눌렀어. 그러자 그가 받았어.

당황스럽게도 그는 내 눈앞에 있었어. 물론 나는 운동장에 도착하자마자 그를 보았어. 하지만 그의 차림새를 보고, '어, 또 노숙자가 왔네. 뭐 곧 기사[10] 아저씨들이 조치하겠지.'라고 생각했어. 실제로 노숙자들이 종종 우리 학교에 놀러 왔다가(?) 자신의 의사에 반하는 이동(?)을 당하곤 했기 때문이야. 그는 5월인데도 검은색 파카를 입고 있었고, 커다란 검은색 가방을 손에 들고 있었어. 어깨에도 검은색 가방을 메고 있었고, 등에는 기다란 검은색 우산을 사선으로 메고 있었어. 나는 그 커다란

---

10) 학교 시설 관리를 전문으로 하는 인력으로, 과거에는 '소사'라 불렸다.

가방들 속에 노숙에 필요한 담요와 생필품이 들어 있을 거라고 지레 짐작했던 거야.

짧은 인사를 나눈 뒤 그와 교실로 향했어. 그리고 그의 이야기를 들었어. 참, 슬펐어. 그는 스테로이드제 부작용으로 꿈같은 20대의 7년을 거의 방 안에서 생활해야 했어. 그중 몇 년은 침대에서 보냈는데, 자리에서 일어나면 5분 이상 서 있을 수 없는 상태였다고 해. 몸 전체가 미친 듯이 가려워서 하루 종일 긁어야 했는데, 덕분에 온몸의 피부가 찢어져서 시뻘건 속살이 보일 지경이었다고 해.

외부가 망가지니 내부도 망가졌어. 가슴속에 용암이라도 하나 들어앉았는지, 온종일 속에서 불이 났고, 그 속을 다스리느라 매일 20리터 정도의 물을 마셔야 했어. 하지만 물은 속을 식혀 주지 못했고, 찢어진 피부를 통해 허옇게 증발해 버리곤 했다고 해. 긁다가 지쳐서 잠들고, 온몸을 엄습하는 고통에 소리를 지르면서

정회일 카페
http://cafe.daum.net/realstarteng

깨어나고, 다시 몸을 긁고, 가슴속의 용암을 어쩌지 못해 또 비명을 지르고, 미친 듯이 물을 마시고, 병을 저주하고, 삶을 저주하고……. 이것이 당시 그의 일상이었어. 참고로 말하면 그는 최악의 스테로이드제 부작용 사례로 TV까지 출연한 바 있어.

그의 과거 이야기를 다 듣고 난 뒤 나는 '1년 365권'을 처방해 주었어. 앞으로 365일 동안 365권의 자기계발서를 읽어라, 그 뒤에 다시 나를 찾아오면, 길을 가르쳐 주겠다. 물론 나도 당시엔 소위 '성공'의 문턱에도 가지 못한 처지였지만 넓은 의미의 자기계발서 그러니까 성공한 사람들의 전기, 자서전, 평전 같은, 자기계발서의 원류가 되는 책과 좁은 의미의 자기계발서 그러니까 내 책『꿈꾸는 다락방』같은, 성공한 사람들의 공통적인 비결을 정리해 놓은 책을 거의 2천 권 가까이 읽어서 '자본주의의 패배자가 어떻게 하면 아름다운 방법으로 성공할 수 있는가?'에 대한 분명한 대답을 갖고 있었거든.

사실 나는 기대하지 않았어. 당시에 나는 대형 포털의 20대 클럽 몇 곳의 '멘토'로 활약하고 있었어. 해서 내가 근무했던 학교로 거의 매일 대학생들이 찾아왔어. 나는 그들 대부분에게 '1년 365권' 처방을 해 주었어. 네 길은 책 속에 있다, 매일 하루에 한 권씩 자기계발서를 읽어 보아라. 1년 뒤 네 사고방식은 완전히 바뀌어 있을 것이다. 이게 당시 내 레퍼토리였어. 그러나 내가 준 과제를 완수한 사람은 한 명도 없었어. 서울대, KAIST, 포항공대 등에 다녔던 학생들도 마찬가지였어. 그런데 어떻게 그가 해낼 수 있겠는가. 나는 그런 생각을 했던 거야.

1년 뒤, 정회일로부터 메일이 왔어. 해냈으니 멘토가 돼 달라는. 만나서 확인해 보니 진짜였어. 이후로 그는 내 공식 멘티 1호가 되었어.

이제 정회일의 변화에 대해서 이야기 해볼까. 그가 한 번은 이런 말을 한 적이 있어.

"제가 아프면서 집이 어려워졌어요. 나중에는 온 식구가 하루에 두 끼만 먹어야 했죠. 20대 후반에 이르러서 몸이 조금 좋아졌는데, 너무 막막한 거예요. 대학도 졸업하지 못했지, 기술 배운 것도 없지. 그때 저처럼 아무런 희망이 없던 우리 동네 형이 이런 이야기를 한 적이 있어요. '그래도 우리가 명색이 남잔데 한 달에 백만 원은 벌어야 하지 않겠냐?' 그때 제가 이렇게 대답했어요. '우리가 한 달에 백만 원이나 되는 큰돈을 어떻게 벌어요? 그래도 한 달에 백만 원만 벌 수 있었으면 정말 좋겠다.'"

말 그대로야. 그는 한때 한 달에 백만 원도 벌 수 없는 처지였어. 하지만 '1년 365권' 과제를 완수하고 3년이 지난 지금은 영어를 가르치는 일로 억대 연봉자의 반열에 들어섰어. 그는 영어영문학과나 영어교육과를 나오지도 않았고, 외국에서 몇 년 살기는커녕 그 흔한 어학연수 한 번 다녀온 적도 없어. 하지만 그는 영어강사로 성공했고, 더 큰 성공을 향해 나가고 있어. 그의 몸은 100퍼센트 가까이 치료됐어. 현대의학의 관점에서 보면 그의 치유는 기적이야. 그처럼 심하게 스테로이드제 부작용 증세를 겪으면 보통 비참하게 죽는다고 해. 하지만 그의 몸은 거의 깨끗하게 나았고 지금은 운동을 너무 열심히 한 나머지 군살 하나 없는 근육질이 되었지. 배에는 식스팩까지 있고.

한편으로 그는 소득의 20퍼센트를 기부하고 있어. 영어를 가르치는 일로 한 달에 60만 원도 벌지 못하던 때도 그는 소득의 20퍼센트를 기부했다고 해. 자기계발서에서 배운 대로. 그리고 그는 자신의 변화비결과 영어공부법을 자신이 운영하는 홈페이지에 모두 공개했어. 이 또한 자기계발서에서 배운 대로 한 거야.

정회일의 변화는 그 자신이 스스로 만들어 낸 거야. 나는 단지 한 마디밖에 하지 않았거든. 하루에 한 권씩 책을 읽으라는. 덕분에 그는 지금껏 1,500여 권에 달하는 책을 독파했어. 그리고 성공자의 사고방식을 갖게 되었고, 실제로 성공을 만들어 냈고, 불치병도 이겨냈어.

난 네게도 '1년 365권 독서'를 권하고 싶어. 여자에게 남자보다 우월한 힘을 갖는 방법을 가르쳐 주는 책은 자기계발서 밖에 없기 때문이야. 내가 말하는 자기계발서란 서점의 자기계발 코너를 가득 채운 그런 책만을 의미하는 게 아냐. 그런 책은 위인이나 성공한 사람의 사고방식이나 행동방식을 독자의 구미에 맞게 정리한 것에 불과해. 네가 읽어야 할 것은 진정한 자기계발서, 즉 역사의 위인이나 우리 시대의 성공한 사람의 자서전, 전기, 평전, 인터뷰 등이야.

Daum에 '폴레폴레'라는 카페가 있어. 나는 오래전에 이 카페 회원들에게 '1년 365권 읽기 프로젝트'를 제안했어. 1년 동안 전기, 자서전 등을 매일 한 권씩 읽는 프로젝트인데, 제법 많은 사람들이 참여하고 있어. 최근에 이 프로젝트에 참여한 한 20대 여자에게 이런 이야기를 들었어. 그녀는 처음에 내 의도를 이해할 수 없었다고 해. 초등학생이나 읽는 위인전 따위를 낼모레면 서른이 될 자신이 왜 읽어야 하는지. 하지만 자기가 좋아하는 작가가 권하는 프로젝트니 뭔가 깊은 뜻이 있겠지 하고 참여했다고 해.

그녀의 말에 따르면, 약 80권을 읽었을 때 내면에서 거대한 변화가 일어났어. 그녀는 자신을 믿어 본 적이 없대. 대신 그녀는 남자를 믿었다고 해. 인생목표가 돈 잘 버는 남자를 만나는 것이었다니 그녀의 남자 의존도가 얼마나 깊었는지 알만 하겠지?

그런데 세상일이란 게 역설적인 경우가 좀 많잖아. 연애만 해도 그래. 마음을 줘 버리면 오히려 마음을 얻지 못하는 일이 벌어질 수 있지. 그녀도 그랬어. 남자를 사귈 때마다 모든 걸 다 줬지만 오히려 차갑게 버림만 받았지.

안타깝게도 그녀는 문제가 자신의 내면에 있다는 사실을 알지 못했어. 그래서 급기야는 성형수술까지 하게 됐어. 하지만 변한 것은 없었어. 물론 남자들의 대시를 전보다 더 많이 받기는 했지만 사귀게 되면 과거의 실수를 되풀이했고, 마지막엔 남자에게 비참하게 차이곤 했어. 1년 365권 프로젝트를 시작할 때만 해도 별로 대단할 것도 없는 남자친구를 사귀고 있었는데 그로부터 그리 좋은 대접을 받지 못하고 있었다고 해. 심지어 그는 그녀를 깔보면서 수시로 바람까지 피우고 있었대.

80여 권을 읽고, 그녀는 칼로 무 자르듯 그를 정리했고, 앞만 보고 달리는 사람으로 변할 수 있었어. 그녀는 이렇게 말했어.

"중요한 것은 세상이나 남자가 아니라 나 자신이에요. 저는 서른이 되기 전에 결혼을 못하면 여자로서 크게 실패하는 거라고 믿고 있었어요. 아무리 예쁜 여자라도 서른이 넘으면 남자들의 관심을 받지 못할 거라고 생각했죠. 그래서 남자를 만나게 되면 무조건 결혼부터 생각했어요. 그런 제 마음이 남자들에게도 다 보였나 봐요. 처음엔 그렇게 잘해 주다가도 조금만 친해지면 함부로 대하곤 했으니까요. 그런데 전 남자들이 그럴수록 더 매달렸어요. 정말 바보였죠. 그 결과가 실컷 이용당하고 버림받는 것임을 알고 있었음에도 불구하고……. 그런데 그게 매우 어리석은 짓이었다는 걸 깨달았어요. 머리로 깨달았다는 의미가 아니에요. 전 가슴으로, 영혼으로 깨달았어요. 동시에 엄청난 자신감을 얻었어요. 전 위인이나 성공한 사람들은 저하고는 인종 자체가 다른 사람들인 줄 알았거든요. 그런데 책을 읽어 보니까 그게 아니었어요. 그들은 저하고 똑같은 사람들이었어요. 아니 저보다 더 못한 환경에 있었던 사람들도 많았어요. 하지만 그들은 절대로 포기하지 않았더라고요. 제가 안 된다고 포기하고 징징거리면서 술이나 마실 때 그들은 다시 도전했더라고요. 그게 바로 그들을 성공자로 만든 단 한 가지 요인이었어요. 전 이제 절대로 포기하지 않을 거예요. 꼭 성공하고 말 거예요. 그리고 다시는 남자에게 제 인생을 맡기지 않을 거예요. 남자들이 인생을 맡기고 싶어하는 그런 여자가 될 거예요. 전할 수 있어요!"

그 뒤로 지금까지 그녀는 150권 넘는 책을 읽었어. 난 그녀가 자신의 말대로 될 거라고 믿어. 이제 그녀는 정신적으로 스스로 일어섰으니까.

Daum '폴레폴레' 카페에는 '1년 365권 독서'에 도전하고 있는 사람들이 많아. 난 너도 그 물결에 동참했으면 해. 그렇게 네 자신을 바꾼 뒤, 가족과 사회와 나라와 세계를 바꾸는 진짜 멋진 사람으로 다시 태어나길 바래.

널 기다린다.

사고방식부터 바꾸어라

자기계발서의 역사는 생각보다 오래되었어. 유럽의 경우는 약 500년, 미국은 약 280년이야.

최초의 자기계발 개념은 유럽에서 나왔어. 종교개혁가들이 설파한 소명의식이 바로 그거야. 미국에서는 미국 건국의 아버지라고 불리는 벤저민 프랭클린이 최초로 자기계발서를 썼어.

초기의 자기계발, 그러니까 루터와 캘빈 같은 종교개혁가들의 자기계발은 하나님의 영광을 위한 것이었어. 그러다가 계몽주의가 팽배하면서 인격완성을 위한 것으로 바뀌었어.

19세기에 유럽과 미국을 뒤덮은, 오늘날의 뉴에이지 종교의 핵심 사상 중 하나인 '끌어당김의 법칙'의 기원이 되는, 힌두교와 심령술의 관점으로 성서를 해석한 일종의 사이비 종교인 '크리스천 사이언스'나 '신사상운동'의 영향을 받은, 물질적인 부와 성공을 자기계발의 전부인 것처럼 말하는 나폴레온 힐 류의 자기계발서가 등장하기 시작한 것은 미국 대공황과 맞물린 20세기 초반부터야.

한편으로 로버트 슐러, 노만 빈센트 필, 조엘 오스틴 등으로 이어지는, 기독교 이단이라는 '믿음의 말씀 운동'이라는 종교단체의 사상을 충실히 반영한 자기계발서들은 20세기 후반부터 빛을 보기 시작했어.

우리나라는 어떨까.

내 개인적인 의견으로는 실학자들의 저서가 최초의 한국형 자기계발서라고 생각해. 물론 그 뿌리는 퇴계 이황, 율곡 이이

같은 위대한 유학자의 저서에 등장하는 '수신修身'의 개념이라고 보고 있어.

유럽, 미국, 일본에서는 이미 18, 19세기에 자기계발서가 대중적 인기를 누렸어. 당시에 베스트셀러였던 자기계발서들은 지금은 고전으로 대우받고 있지. 새뮤얼 스마일스의 『자조론』이 대표적이야.

내가 연구한 바에 따르면 자기계발서는 국가성쇠國家盛衰의 기준이기도 해.

'해가 지지 않는 나라'라는 별칭을 가지고 있었을 때, 영국은 자기계발서 최강국이었어.

2차 대전 후, 자기계발서 최강국의 자리는 미국으로 넘어갔어.

아시아에서는 일본이 메이지 유신부터 지금까지 자기계발서 최강국이야.

우리나라는 벤저민 프랭클린이나 새뮤얼 스마일스보다 더 위대한 자기계발 사상을 가진 유학자와 실학자가 있었지만 안타깝게도 일반 백성은 그 세계를 알기가 거의 불가능했어. 우리나라에서 평범한 사람들이 자기계발서를 본격적으로 읽게 된 것은 1997년 외환위기 때부터야.

앞에서 난 1년 동안 365권의 자기계발서를 읽으라고 했어. 하지만 주변에 보면 단 한 권을 읽고서도 성공자의 사고방식을 가진 사람도 있고, 백 권을 읽고 그렇게 된 사람도 있고, 천 권을 넘기고서야 그렇게 된 사람도 있어. 때문에 권수는 큰 의미가 없다고 생각해. 중요한 것은 사고방식을 바꾸는 거니까.

난 사고방식을 바꾸는 특효약은 성공한 사람을 매일 한 명씩 만나서 대화하는 것, 즉 자기계발서를 하루에 한 권씩 읽는 것이라는 사실을 발견했고, 내 자신에게 적용해서 효과를 보았고, 멘티인 정회일도 역시 같은 효과를 얻는 것을 보았기에 '1년 365권 자기계발서 독서'를 권하고 있어.

자기계발서 독서를 통해 사고방식이 바뀌면 행동은 저절로 바뀌어.

그 변화된 '행동'들이 쌓인 결과가 '성공'이야.

그런데 그 '성공'은 좁은 의미의 수신修身이야.

그러니까 거기서 멈추지 말고 넓은 의미의 수신修身 즉 위대한 유학자들의 수신修身으로 나아가길 바래.

그러기 위해서 네가 읽어야 할 책들은 인문고전이야. 사실 자기계발서의 뿌리는 인문고전이기도 해.

인문고전은 문학, 역사, 철학 분야의 고전을 의미해. 공자, 플

라톤, 사마천, 괴테, 이황, 정약용 같은 분들이 쓴 책을 생각하면 이해가 빠를 거야.

난 네가 1년 365권 독서를 마친 뒤 인문고전의 세계로 진입하기를 바래.

그럼 넌 언젠가 수신제가치국평천하修身齊家治國平天下를 이룰 수 있을 거야.

성공한 여자들의 한가지 공통점

클레오파트라, 재클린 케네디, 힐러리 클린턴, 카를라 브루니. 이 여자들의 공통점이 뭔지 아니? 10대 시절부터 인문고전을 광적으로 읽었다는 거야. 그리고 평생 인문고전을 애독했다는 거야. 난 네가 독서의 혁명을 일으켰으면 좋겠어. 네가 읽는 책의 수준이 곧 네 두뇌의 수준을 결정하니까. 독서의 혁명은 곧 두뇌의 혁명이야. 그리고 두뇌가 바뀌면 삶이 달라져.

20대 여자의 막강한 지지를 등에 업고 출간되자마자 베스트셀러에 오르는 우리나라, 일본, 미국, 유럽 작가의 말랑말랑한 연애소설이나 달콤새콤한 에세이를 천 권 읽는다고 해서 네 삶이 달라질 수 있을까?

그런 일은 일어나기 어려워. 물론 소설이나 에세이가 나쁘다는 의미는 아냐. 나도 매우 좋아해. 난 우리 시대의 소설이나 에세이 위주의 책만 읽고 인문고전은 단 한 권도 읽지 않는 현실을 지적하고 싶을 뿐이야.

앞에서도 말했지만 역사상 가장 지혜롭고 가장 강한 여자들은 하나같이 인문고전 독서광이라는 공통점을 가지고 있어. 이는 곧 네가 그녀들처럼 되려면 무엇보다 그녀들이 사랑한 책을 읽어야 한다는 의미야. 그래야 그녀들처럼 생각하고, 행동할 수 있을 테니까. 내 책 중에 인문고전 독서법에 관한 내용을 다룬 『리딩으로 리드하라』라는 책이 있어. 『여자라면 힐러리처럼』을 읽은 사람은 다 기억할 거야. '존 스튜어트 밀식 독서법'이라고.

그 독서법을 체계적으로 풀어낸 책이야. 이 책을 구입하라는 의미로 이런 말을 하는 게 아냐. 이미 베스트셀러에 올랐고, 홍보도 지겹게 하고 있으니까. 아마도 근처 도서관에 가면 책이 있을 거야. 어쩌면 네 친구가 가지고 있을지도 모르지. 책의 부록을 펼치면 '인문고전 추천 도서목록'이 있어. 서울대, 연세대, KAIST, 하버드대, 스탠퍼드대, 예일대 등의 인문고전 도서목록을 참고해서 만든 거야. 앞으로 10년 동안 읽어야 할 인문고전을 단계별로 나열해 놓았지. 그걸 복사해서 노트에 붙여 놓고 한 번 도전해 봐. 물론 『리딩으로 리드하라』를 가이드 삼으면 금상첨화겠지. 앞으로 10년 동안 클레오파트라, 재클린 케네디, 힐러리 클린턴, 카를라 브루니 같은 여자들이 자신의 두뇌를 단련하기 위해 만난 천재들을 만나 봐. 10년 뒤 넌 우리나라는 물론이고 세계의 역사를 새로 쓸 수 있는 존재로 변신해 있을 거야.

교과서, 영어책보다 치열하게 봐야 할 것

아나운서를 준비하는 친구들과 미팅을 한 적이 있어. 그때 누군가가 내게 이렇게 물었어.

"저는 성공하는 법을 가르쳐 준다는 자기계발서를 나름 열심히 읽는데, 왜 아직 성공하지 못한 걸까요?"

지금부터 그때의 대화내용을 기억나는 대로 써볼게.

"자기계발서를 하루에 몇 권 정도 읽나요?"

"다섯 권 정도는 읽는 것 같아요."

"한 달에 말인가요?"

"네."

"전 하루에 몇 권 읽느냐고 물어본 건데요."

"하루에 몇 권을 어떻게 읽어요!"

"그럼 제가 하나 물어봐도 될까요?"

"네!"

"지금 졸업을 앞 둔 대학생이죠?"

"네."

"대학을 졸업하면 달라지는 게 뭐가 있나요? KBS나 MBC 같은 곳에서 '어서 옵쇼!' 뭐 이런 일이 벌어지나요?"

"그런 일이 있으면 얼마나 좋겠어요. 좀 슬픈 이야기지만 달라지는 것은 아무것도 없을 것 같아요."

"그런 '대학'에 입학하기 위해 그리고 또 졸업하기 위해 당신은 어떤 대가를 지불했죠? 돈, 시간, 노력 등을 한 번 이야기해주세요."

"유치원까지 포함하면 대학을 졸업하기까지 18년 정도 걸린

것 같아요. 돈은, 초등학교 때부터 과외를 계속 받았고 대학에 들어와서도 아나운서 학원 등을 계속 다녔으니까, 거의 천문학적으로 들었죠."

"좋은 성적을 얻기 위해 밤을 새 본 적은 얼마나 되나요?"

"셀 수 없이 많았어요."

"좋아요. 그럼 다시 물어볼게요. 대학에 입학하는 것이 쉬울까요? 사회에서 성공하는 것이 쉬울까요?"

"당연히 성공하는 게 어렵죠!"

"그렇겠죠? 성공한다는 것은, 당신의 예를 들면 KBS에 입사해서 9시 뉴스 진행자가 되고 백지연처럼 유명해지는 것을 뜻할 테니까요."

"네, 맞아요. 저는 백지연 아나운서처럼 되고 싶어요."

"당신이 대학에 입학하기 위해 했던 노력들을 한 번 생각해 보세요. 수학교과서를 이해하기 위해 학교에서 수업을 듣고 학원에서 또 듣고 참고서를 보고 문제집을 풀고 심지어는 개인교사까지 고용해서 공부하지 않았나요?"

"네, 그랬어요."

"그럼 성공하는 법을 가르쳐 주는 자기계발서는 어떻게 읽었나요? 고등학교 때 수학이나 영어를 공부했을 때처럼 그렇게 읽어 본 적이 한 번이라도 있었나요?"

"아니요."

"자기계발서를 구입하거나 자기계발 강의를 듣거나 멘토를 만나기 위해서 쓴 비용은 어느 정도인가요? 대학을 졸업하기 위해 쓴 비용과 비교해 보세요."

"자기계발 강의를 듣는 데도 돈을 써야 하나요? 그런 사람들이 있나요?"

"대기업 최고경영자들은 우리나라에서 가장 성공한 사람들에 속한다고 할 수 있어요. 그들은 수시로 각계의 명사들을 초청해서 강의를 들어요. 회당 수백만 원에 달하는 강사료를 지불하고서 말이죠."

"몰랐네요. 저는 자기계발서를 산 것 말고는 달리 돈을 쓴 일이 없어요."

"아까 한 달에 다섯 권 정도 자기계발서를 읽는다고 했는데, 그렇다면 1년 평균 60권의 자기계발서를 읽은 것이라고 할 수 있겠네요?"

"네, 그 정도 사는 것 같아요."

"그럼 당신이 1년에 자기계발에 쓰는 돈은 약 60만 원이라고 생각해도 될까요?"

"네."

"대학에서 공부하는 데 1년에 돈이 얼마가 드나요?"

"진짜 많이 들죠. 수업료만 해도 거의 천만 원 가까이 되니까요."

"사회에서 성공하는 데 그리 큰 도움을 주지 않는 대학공부에는 1년에 천만 원 가까운 돈을 쓰면서 자기계발에는 고작 60만 원밖에 쓰지 않는 사람이 과연 성공할 수 있을까요?"

"그런 건 정말 생각조차 못해 봤어요. 아닐 것 같아요."

"아까 당신은 대학졸업장을 받기 위해서 약 18년이 필요했다고 했어요. 그 18년 동안 하루에 몇 시간 정도를 공부하는 데 썼던 것 같나요?"

"유치원, 초등학교 시절을 빼고 생각하면 거의 하루종일 공부했죠."

"여기서 우리는 또 하나의 오류를 잡아낼 수 있군요. 그러니까 사회에서 성공하는 데 큰 도움이 되지 않는 대학졸업장을 얻기 위한 책은 18년 동안 매일 최소 몇 시간씩 읽은 거잖아요. 하지만 자기계발서는 한 달에 많아야 열 시간 정도 읽은 건데, 그런 사람이 과연 성공할 수 있을까요?"

"아, 그런 건 정말 생각해 보지 못했어요!"

"그럼 이제 앞으로 어떻게 해야 될까요?"

"자기계발서를 열심히 읽고 자기계발 강의도 열심히 들어야겠어요."

"그래요. 그렇게 해야 돼요."

"그런데 작가님."

"네?"

"자기계발서를 읽는 것과 제가 아나운서가 되는 것에는 무슨 상관이 있을까요?"

"백지연 아나운서가 롤 모델이라고 했죠?"

"네."

"백지연 아나운서가 자기계발서를 여러 권 썼다는 것은 알고 있나요?"

"아, 맞아요. 저 다 읽었어요."

"우리나라에서 성공한 여자들의 공통점은 자기계발서를 한 권 이상 쓴 사람들이라는 거예요. 이 사실이 우리에게 가르쳐 주는 것은 한 가지죠. 성공하고 싶다면, 자기계발서를 읽어라예요."

"이제야 뭔가 알 것 같아요. 고맙습니다."

어때, 뭔가 감이 좀 잡히는 것 같니? 난 네가 자기계발서를 치열하게 읽었으면 해. 남자보다 우월한 힘을 갖는 법, 성공하는 여자가 되는 법을 가르쳐 주는 책은 세상에 자기계발서밖에 없으니까. 물론 여기서 말하는 성공은 사회적, 경제적 성공이야. 네가 만일 마음이나 영혼의 성공을 추구한다면 명상서적이나 종교서적을 읽으면 돼. 너의 독서를 응원할게!

진실로 되고 싶을 때 정말 된다

네가 진실로 만나고 싶은 사람
네가 진실로 갖고 싶은 것
네가 진실로 되고 싶은 존재를
마음속에 '열망'이라는 형태로 담아 두면
그 '열망'은 언젠가 반드시 '현실'이 돼.
세상을 이분법적 사고로 보는 어떤 바보들은 말해.
열망만으로 이룰 수 있는 것은 없다고
진짜 필요한 것은 노력이라고.

하지만 틀렸어.

열망을 가진 사람만이 진정한 '노력'을 할 수 있기 때문이야.

아니 그걸 '노력'이라고 할 수 있을까? 그건 차라리 춤이 아닐까? 자기 자신을 잊고서 추는, 지상에서 가장 아름다운.

난 생각해. 지상 최고의 축복은 하나님의 임재를 경험하는 것이라고. 그런데 그것은 아무에게나 주어지는 것이 아니더라고.

특별하게 선택받은 사람에게 주어지는 무조건적인 선물이더라고. 난 영적인 축복 다음으로 멋진 축복은 마음속의 열망이 현실로 나타나는 것을 경험하는 삶이라고 믿어.

난 네가 그 삶을 경험하게 되길 바래. 네가 열망하는 모든 것을 현실에서 만나는. 네 마음을 믿어 봐. 하나님께서는 이 세상의 모든 문을 열 수 있는 신비한 열쇠를 다른 어느 곳도 아닌 네 마음속에 감춰 놓으셨으니까.

지금 당장 해야 하는 말

내가 오늘 너에 대해서 생각해 보았는데 말이지.

넌 잘될 거야!

정말 잘될 거야!

심히 잘될 거야!

진짜 잘될 거야!

아니, 이런 말로는 한참 부족해.

넌 말이지.

인류 역사가 시작된 이래

너보다 더 잘 풀리는 인생을 산 사람이 없었다는

소리를 듣게 될 거야.

다시 한 번 말해 줄게.

네가 꾸는 꿈은 다 이루어질 거야.

네가 바라는 소원도 모두 이루어질 거야.

네가 사랑하는 사람도 다 잘될 거야.

네가 만나는 사람도 모두 잘될 거야.

넌 복 받았어.

하나님께 엄청난 축복을 받았어.

그래서 넌 말이지.

잘돼!

무조건 잘돼!

자, 여기까지 눈으로 읽었지?
이제 소리 내서 읽어 볼까?

나눌 수 없는 것들로
아파하는 누군가에게

가을엔 발이 아프도록 숲속을 걸어. 가을 숲속에서 나뭇잎들이 어떤 모양으로 떨어지나 본 적 있니?

공간에 그 나뭇잎만의 흔적을 남기면서 낙하해. 똑같은 모양으로 떨어지는 나뭇잎은 하나도 없어. 난 숲속에서 무수한 나뭇잎들의 마지막을 목격해. 어쩌면 그 나뭇잎들은 행복해. 마지막 몸짓을 누군가가 보아 주니까.

오늘도 난 발이 아프도록 걷고 또 걷겠지. 타인과는 결코 나눌 수 없는 내면의 외로움과 침묵으로 대화하는 법을 아는 사람만이 공감할 사연들, 그런 것들을 잊기 위하여.

하지만 나 오늘까지만 아파할 거야. 내일부터 난 다시 힘을 낼 거야. 언젠가, 언젠가.

나처럼 나눌 수 없는 것들로 아파하는 누군가를 알게 되면
그의 아픔을 함께할 수 있는 사람이 되기 위해서라도
침묵으로 대화하며 곁에 있어 주기 위해서라도
내면의 가을을 이겨낼 거야.

세상의 규칙

같은 색깔의 양말을 신어 본 기억이 거의 없어. 최근 몇 년 동안. 일전에 엄청 유명한 사람들의 모임이 열린 집에 간 적이 있어. 그때 구두를 벗고 거실에 들어가자마자 들었던 말.

"아니, 이지성 씨는 왜 양말이 한쪽은 화이트고 다른 쪽은 레드야?" 나는 담담한 얼굴로 대답했어.

"지구의 문화에 대한 저항의 표시라고나 할까요?"

순간 사람들의 얼굴에 썰렁한 기운이 감돌았어.

난 여전히 담담한 얼굴로 그들 사이에 앉았고, 그들은 중단되었던 대화를 계속했어. 양말까지 짝을 맞춰서 신어야 하는 세상의 규칙이 나는 참 싫어.

언젠가 네 가슴에도 꿈이 찾아왔을 거야.
어떤 황홀한 속삭임이 네 가슴을 두드렸을 거야.
그 꿈을 살아가는 사람이 되길 빌어.
그 속삭임을 따라 가는 사람이 되길 빌어.
인생은 진정 한 번뿐이니까.

Chapter Six 꿈에서도
꿈을 꿔라

남자친구와 헤어진 네게
—이별에 대처하는 법

남자친구와 헤어진 네게 해 주고 싶은 말이 있어.

네게 왜 그런 일이 일어났는지 나는 알아.

결혼식장에서 너를 안고 키스할 그 남자가

너와 행복하게 살다가

네가 지구를 떠난 24시간 뒤에 세상을 떠나게 될 그 남자가

그러니까 네 진짜 반쪽이

오늘 너와 헤어진 그 녀석이 후크 선장이라면, 피터팬일 그 남자가

널 절대로 놓칠 수 없어서

이 지구 어딘가에서 그 녀석에게 강력한 텔레파시를 보내서

너와 헤어지게 한 거야.

단지 그것뿐이야.

그러니까, 아가씨, 힘내.

그리고 웃으면서 이별을 축복하라고.

내가 진짜 해주고 싶은 말은 이거야.

네 곁에서 함께 울어 주지 못해서 미.안.해!

모든 헤어짐엔 이유가 있다

　　　　　　　　　믿기지 않겠지만 난 스물여덟 살 때 처음으로 여자친구를 사귀었어. 그것도 12월에. 그러니까 실질적으로 스물아홉 살에 난생 처음 여자친구를 사귀었다고 볼 수 있지. 그녀는 천사 같은 여자였어. 하지만 내 꿈을 진심으로 믿어 주지는 않았어. 아직도 기억나. 나를 떠나가던 날, 그녀는 그동안 절대로 해서는 안 된다고 생각했던 그 말을 했어.

"오빠는 도무지 작가 같지가 않아. 내 친구들도 그러더라. 작가 냄새가 전혀 풍기지 않는다고. 다들 이상하대."

그러고는 나와 헤어진 지 6개월도 안 돼서 결혼을 해 버렸어.

두 번째로 사귄 여자친구는 나와 같은 학교에 근무하던 선생님이었어. 그녀는 소위 미인이었어. 어느 날 그녀가 내가 사는 동네로 무작정 찾아왔어. 내가 보고 싶다며. 난 좀 당황했어. 그 동네는 빈민가였고, 내 자취방은 그중에서도 가장 열악했으니까. 곰팡이가 가득 슬어 있는 벽과 구불구불한 장판이 인상적인 내 방을 보여 주어야 했지만 난 이상하게도 전혀 부끄럽지 않았어. 아마도 그녀가 나를 사랑한다는 사실을 온 마음으로 느끼고 있었기 때문에 그랬던 것 같아. 내 예상은 적중했어. 나를 향한

그녀의 사랑은 그날 이후로 걷잡을 수 없이 커졌으니까.

그로부터 약 두 달 뒤, 난 씁쓸한 얼굴로 그녀를 떠나보내고 있었어. 그녀는 말했어.

"오빠를 사랑하지만 오빠의 빚을 감당할 수 없을 것 같아요. 미안해요."

그러고는 나와 헤어진 지 2개월도 안 돼서 결혼을 해 버렸어. 물론 그녀는 결혼식 전날 친구들 앞에서 엉엉 울면서 진정 사랑했던 사람은 나였다는 고백을 했다고는 하지만. 그런 사실은 어떤 위안도 되지 못했어. 게다가 난 행복한 신혼생활을 하는 그녀를 학교에서 계속 봐야 했지. 그건 진정한 고통이었어.

이젠 다 추억이 돼 버렸어.

아무렇지도 않아.

한때 내 여자친구였던 두 사람은 진정한 반쪽을 만나 행복해졌으니 그걸로 된 거잖아.

그리고 난 나대로 내 길을 쭉 걸어왔으니까 그걸로 된 거고.

여기까지 쓰고 나니 갑자기 궁금해지네.

내 진정한 반쪽은 어디 있을까?

언젠가는 내 곁에 오겠지.

그때 난 영혼으로 깨닫게 될 것 같아.

지난 세월의 모든 헤어짐은 내 진정한 반쪽을 만나기 위한 과정에 불과했다는 것을.

그래서 난 내 기다림이 지루하거나 힘들지 않아.

오히려 행복해.

아름답지 못한 한국의 시스템에 대처하는 법

알아.

우리나라의 시스템이 1퍼센트의 사람들에 의해 좌지우지되고 있다는 사실을.

그 1퍼센트가 아름답지 못하다는 것을.

나도 잘 알아.

하지만 어쩌겠어.

짱돌을 들거나 화염병을 들고 거리로 나가는 것은 내 성격에는 도저히 맞지 않는 일인 것을.

게다가 시대가 그런 것을 허용하지 않고 있잖아.

또 설령 그래 봤자 내가 던진 돌이나 화염병은 나와 똑같은 처지에 있는 젊은 전경의 헬멧이나 때리고 말겠지.

1퍼센트와 싸우지 않고 아름답게 이기는 길.

너무나도 비현실적으로 들리겠지만 난 그 길을 추구하고 싶어.

한 번 생각해 봐.

정말로 아무것도 아닌 존재였던 사람들이 자기계발을 통해 자신의 한계를 극복하고 자기 분야의 최고 수준에 도달하게 된다면, 우리나라의 99퍼센트가 모두 그렇게 된다면.

중소기업이 모두 세계 최고 수준의 중소기업이 되고, 샐러리맨들이 모두 세계 최고 수준의 샐러리맨이 되고, 대학생들이 모두 세계 최고 수준의 대학생이 된다면.

우리나라도 바뀌지 않을까?

상위 1퍼센트가, 언론이, 정부가, 검찰이, 법원이 바뀌지 않을까?

난 확신해. 분명히 바뀐다고.

난 '수신제가치국평천하修身齊家治國平天下'를 믿거든.

세계사에서 유례를 찾아보기 힘들 정도로 악독한 무단통치가 행해지던 일제강점기 때 안창호 선생님은 말씀하셨어. 우리나라가 사는 길은 국민 각자가 자기계발을 열심히 해서 최고가 되는 것밖에 없다고. 난 감히 안창호 선생님의 길을 갈 수는 없지만 그분의 삶만은 늘 흠모하면서 살고 있어.

난 말하고 싶어.

우리가 꿈을 꾸고 자기계발을 하는 것은 나 자신의 이익을 위해서가 아니라고.

아니, 자신의 이익만을 생각하는 사람은 치열하게 자신을 단련시켜야 하는 '자기계발'을 죽어도 할 수 없다고. 그런 사람은 고작해야 아부의 기술 따위나 배우겠지.

한 알의 밀이 모두를 위해 척박한 땅 위로 기쁘게 떨어져서 죽는 것, 난 그게 자기계발이라고 생각해.

그래서 '자기계발'의 또 다른 이름은 '사랑'이 될 수 있는 거야.

극한의 자기단련을 할 수 있는 힘, 그것은 자기 자신만을 생각하는 사람은 절대로 얻을 수 없어. 그것은 사랑하는 사람들을 지켜 주고 싶다는 마음, 사랑하는 사람들을 행복하게 만들어 주고 싶다는 마음에서 나오기 때문이야.

넌 죽을 준비가 되었니? 새로운 네 자신으로 다시 태어나기 위해.

난 네가 기.쁘.게. 죽었으면 좋겠어.

네 남은 인생의 첫 순간

지금 이 순간은 네 남은 인생의 첫 순간이야.

때문에 넌 지금 이 순간을 소중하게 여겨야 해.

넌 지금 이 순간 네 남은 인생의 첫 단추를 채우고 있는 거니까. 난 네가 지금 이 순간을 투명하게 빛나는 마음으로 가득 채웠으면 좋겠어.

그리고 그 마음을 따라서 살아가기 위해 분투했으면 좋겠어.

방금 전까지 너를 힘들게 한, 이미 지나가 버린 일을 아름답게 잊고, 지금 네게 다가오고 있는 미래의 모든 순간을 향해 아이처럼 환하게 웃으면서 달려갔으면 좋겠어.

내가 20대에 친구 대신 얻은 것

난 친구가 거의 없어. 아니, 마음으로 연락을 주고받는, 진짜 친구라고 할 수 있는 놈을 한 명 빼면, 친구라고 부를 수 있는 사람이 아예 없는 것 같아.

난 그 녀석과 1년에 한 번 만날까 말까 해. 우리는 서로 전화를 하는 일도 거의 없어. 하지만 뭐랄까, 우리는 알아, 서로가 비슷한 인간임을. 어쩌면 정신으로 교감한다고도 할 수 있겠지.

나라고 처음부터 친구가 없었던 것은 아니야.

고등학교 다닐 때는 인기투표 1위를 한 적도 있어. 재수할 때는 학원에서 사귄 친구가 하도 많아서, 담임선생님이 "너 이러다가 삼수한다!"며 다른 학원으로 강제로 전학(?)을 보냈고.

그때만 해도 내겐 4총사와 8형제가 있었어. 우정을 위해서라면 부모님의 재산까지도 몰래 팔아 치울 수 있다(?)고 맹세한 4명의 고등학교 친구와 8명의 재수학원 친구들이었지. 이외에도 제법 친한 친구가 100명 정도 있었고, 그냥 친한 친구는 수백 명 있었지.

대학교 2학년 어느 봄날이었을 거야. 난 친구의 자취집에서 라면을 끓여 먹다가 벼락처럼 깨달았어. 이렇게 살다가는 작가의 길을 영원히 갈 수 없겠다고.

아침에 일어나자마자 책을 읽고 글을 쓰는 대신 친구에게 전화를 걸어서 약속을 정하고, 온종일 책과 붙어 다니는 대신 친구들과 붙어 다니고, 주말이나 공휴일엔 혼자만의 공간으로 숨어들어서 처절하게 습작을 하는 대신 친구들과 만나서 시내를

쏘다니고, 그런 사람이 어떻게 사람들의 마음을 감동시키는 글을 쓰는 작가가 될 수 있겠어.

그날 이후로 난 친구들을 거의 만나지 않았어. 친구들은 변심한 내 마음을 돌려 보려고 무던히 애를 썼지. 하지만 난 일절 흔들리지 않았어. 나중에는 아예 다른 지역으로 이사 갔어. 고등학교 1학년 때부터 단짝 친구였던 녀석에게조차 연락처를 남기지 않고서. 그로부터 어언 10년이 흐른 지금껏 난 앞에서 말한 한 명을 빼고는 '친구'라는 존재를 사귀어 본 적이 없어. 나 좀 독하지? 하지만 내가 꼭 독해서 이렇게 된 것은 아니라고 생각해.

1년 내내 미친 듯이 글을 쓰다가 연말이나 연초에 고등학교 동창이나 대학교 동창이 모이는 자리에 나가면 늘 힘들었어. 그들은 '꿈'을 몰랐고 비웃었지만 난 '꿈'에 목숨을 걸었기 때문이었을까. 그때마다 난 예감했어. 어쩌면 영원히 혼자가 될 것 같다는.

20대의 어느 날, 난 '친구' 대신 '꿈'을 선택했고 내 친구들은 '꿈' 대신 '친구'를 선택했던 것 같아.

난 내 선택이 옳았다고도 생각하지 않고, 친구들의 선택이 옳았다고도 생각하지 않아.

우리는 그저 자신의 마음에 끌리는 선택을 했던 거라고 난 생각해.

난 다만 그 선택 이후를 이야기하고 싶어.

난 그날 이후로 지금껏 혼자로 지냈어.

내 친구들은 군대, 복학, 취업준비, 취직, 결혼 등을 거치는 동안 뿔뿔이 흩어졌어. 놀랍게도 한때 마치 한몸처럼 붙어 다녔던 그들은 이제 대부분 나처럼 혼자야.

한 번은 우연히 만난 고등학교 친구에게 이렇게 물어본 적이 있어.

"인마, 넌 그래 지금처럼 혼자가 되려고 그렇게 많은 친구들을 사귀었던 거냐?"

아주 오랫동안 친구들 사이에서 최고의 친구로 통하던 그 녀석은 허탈한 표정으로 대답했어.

"짜샤, 다 먹고살기 힘드니까 이렇게 된 거지. 잘 알면서 왜 그래. 뭐 어쨌든 결혼하기 전까지만 해도 죽도록 붙어 다녔던 놈들 중에 지금 연락하는 놈 거의 없다. 뭐 사는 게 그런 거지."

녀석은 20대의 어느 날 친구들을 과감히 정리하고 자신의 길을 걸어간 내가 너무 부럽다고 했지만, 솔직히 말하면 나야말로 그 녀석이 부러워. 최소한 녀석에게는 친구들과 죽도록 붙어 다닌 추억이라도 있으니까.

20대 시절의 내게는 베스트셀러 작가가 될 기미가 전혀 보이지 않았어. 작가로서의 재능이 아예 없었다는 의미야. 그런 내가 친구들과의 인연을 아예 끊다시피 하고서 글에 미치지 않았다면, 과연 지금처럼 사랑받는 작가가 될 수 있었을까? 난 절대 아니라고 생각해.

한편으로 난 20대 중반에 군대를 가야 했고, 제대하자마자 밥벌이를 해야 했어. 그러다 보니 글을 쓸 수 있는 시간이 거의 없었어. 잠을 줄이고 사람을 전혀 만나지 않아야만 마음에 드는 글을 쓸 수 있는 충분한 시간이 생겼어.

좀 부끄럽지만 솔직하게 말할게.

만일 내게 작가로서의 재능이 조금이라도 있었다면 난 그토록 혹독한 20대를 보내지 않아도 되었을 거야.

평범한 사람은 그런 것 같아. 처절한 대가지불을 해야만 뭔가를 이룰 수 있는 것 같아.

그래도 '뭔가' 를 얻을 수 있다는 게 어디야.

난 그렇게 생각하기 때문에, 잃어버린 20대에 아무런 후회도 없어.

절대로 지지 않기를

통상적으로 20대의 10년을 젊은 날이라고 해.

내 20대의 10년을 한마디로 표현하라면

'고통.'

좀 더 노골적으로 표현하면

'더러운 고통.'

'끔찍한 고통.'

'잔혹한 고통.'

내 20대의 하루하루는 마치 깨진 유리조각으로 가득한 황금빛 길을 맨발로 걷는 것과 비슷했어.

덕분에 난 단 하루도 행복한 날이 없었지.

10년 동안 난 진짜로 단 하루도 행복하지 않았어.

하지만 난 늘 노력했어. 웃으려고.

웃어야 복이 온다고 하잖아. 그래서 웃었어. 마음속으로는 울고 있었지만.

스물여덟 살 때였나.

아이들을 보내고 교실에 혼자 앉아 있는데 갑자기 내 자신이 너무 비참하고 초라하고 슬프고 우울하고 암담해서 어쩔 줄을 모르겠는 거야. 순간 말로 표현할 수 없는 공포가 내 마음을 사로잡았어. 이렇게 계속 있다가는 절대로 하지 말아야 할 어떤 무서운 짓을 저지르고 말겠다는 그런 감이 왔다고나 할까. 그래서 나는 감옥을 탈출하는 죄수처럼 학교 밖으로 뛰쳐나갔어. 그러고는 미친놈처럼 히죽거리면서 거리를 걸었어.

"난 행복하다!"

"난 내가 행복해지겠다고 마음먹은 만큼 행복해질 수 있다!"

"난 세상에서 가장 행복해지겠다고 마음먹었다. 때문에 난 세상에서 가장 행복하다!"

이런 말을 중얼거리면서, 난 계속 웃었어. 진짜로 행복이 찾아올 때까지. 하지만 행복은 찾아오지 않았어. 마음이 진정되었을 뿐.

내 20대의 아주 많은 날을 이렇게 보냈어. 그래도 견디니까, 끝까지 참고 견디니까, 좋은 날이 오더라고.

난 네가 어떤 상황에 처해 있는지 몰라. 만일 네가 20대의 나처럼 살고 있다면 네게 해 주고 싶은 말이 있어.

끝까지 견디면서 앞으로 나가. 네 안의 부정적인 마음들에게 절대로 지지 마. 끝까지 싸워. 그러면 언젠가 좋은 날을 만나게 될 거야. 반드시 밝고 따뜻한 햇살을 보게 될 거야.

지옥 같은 곳을 지나가고 있다면

아마도 그때가 9년째였을 거야.

지옥 같은 인생을 살기 시작한 지.

어느 날 난 도서관에서 이런 글을 읽었어.

"만일 지옥 같은 곳을 지나가고 있다면 최대한 빨리 지나가라."

윈스턴 처칠의 말이었던 것으로 기억해.

이 문장은 내 사고방식에 혁명을 가져다 주었어.

난 그때까지만 해도 지옥을 신속하게 빠져나간다는 생각 자체를 하지 못하고 있었거든.

난 고작해야 기어가고 있었거든.

그것도 엉엉 울면서.

윈스턴 처칠도 지옥 같은 삶을 살던 시절이 있었어.

하지만 그는 그 지옥을 신속하게 빠져나갔던 거야.

그리고 위대한 성공을 향해 날아갔던 거야.

생각이 여기에 미치자 가슴속에서 무한한 힘이 솟아나더군.

난 그때부터 달렸던 것 같아.

지옥의 끝에 있을 아름다운 세계를 향해.

혹시 '지옥 같다'는 표현이 어울릴 정도로 힘겨운 하루하루를 보내고 있니?

인생의 무게에 눌려서 신음하고 있니?

더 이상 길이 보이지 않는다며 울고 있니?

그렇다면 이렇게 해봐.

심호흡을 한 번 크게 하고, 자리에서 일어나.

두 주먹을 허리에 단단히 붙여.

달려.

네 지옥을 빠져나갈 때까지.

네 지옥의 끝에 있는 네 위대한 성공의 세계에 도달할 때까지.

넌 할 수 있어.

세상에 단 하나뿐인 너를 위한 글

난 꿈속에서 책을 읽고 글을 쓸 때가 많아.

아침에 일어나면 몇 시간씩 머리가 띵할 때가 있어.

꿈속에서 너무 강렬하게 책을 읽거나 글을 쓰고 나면 찾아오

는 후유증이라고나 할까.

 오늘은 책을 읽고 글을 쓰는 꿈 대신 기억나지도 않는 잡다한 꿈을 꾸다가 일어났어.

 난 종일 책상에 앉아서 글을 쓰기 위해 노력했어. 제발 글이 나와 주기를, 마음속으로 빌고 또 빌었지. 하지만 글은 단 한 줄도 나와 주지 않았어.

 결국 난 비 내리는 밤거리로 뛰쳐나갔고, 마음이 풀릴 때까지 비를 맞으며 걸었어. 어떤 짓을 해도 글이 나오지 않는 날은 그저 하염없이 걷는 것 말고는 달리 할 수 있는 일이 없거든.

 한 시간 넘게 빗속을 헤맸지만 변한 것은 없었어. 오늘은 정말 아닌가 보다, 하고 포기하고 집으로 돌아왔어.

 그런데 또 그럴 수 없는 거야. 그래서 난 옷을 벗고 욕실에 들어가서 찬물로 몸을 씻었어. 그러면 마음도 깨끗하게 정돈될 것 같아서.

 난 방금 몸을 말리고 의자에 앉았어. 난 앞으로 두세 시간 더 버텨 보려고 해. 그러다 보면 기적처럼 글이 나올 수도 있으니까.

 난 때로 네가 너무 미울 때가 있어. 내가 참으로 힘들게 쓰는 글을 넌 참으로 쉽게 읽는 것 같아서. 하지만 난 네가 정상이라고 생각해. 내 글이 쉽게 읽히는 것은 내가 철저하게 의도한 것이니까. 그래, 난 세상에서 가장 쉽게 읽히는 글을 쓰고자 그 어떤 작가보다 노력하고 있어.

난 때로 일부 철없는 작가지망생들에게 만만한 사람으로 찍히기도 해. 그들은 말해.

이지성의 글은 너무 쉽다고.

난 이지성보다 더 잘 쓸 수 있다고. 하지만 그들은 모르고 있어. 난 그들의 눈에 참 만만해 보이는 글을 쓰기 위해서 매일 힘겨운 투쟁을 하고 있다는 사실을.

책을 쓰면서, 글 솜씨를 발휘하고 싶은 마음 늘 생겨. 내 지식을 자랑하고 싶은 마음, 현란한 문체, 어렵고 고상한 표현을 하고 싶은 유혹, 언제나 받아. 하지만 잘 이겨 왔다고 생각해. 내가 아닌 너를 위한 글을 쓴다는 신념 하나로 말이야. 난 앞으로도 잘 이겨 나가고 싶어.

이런 생각을 하면서, 난 이 새벽에 다시 도전하고 있어.

너를 감동시킬 수 있는 글을 쓸 수 있다고 믿으면서.

내 나이 앞에 숫자 '2'가 붙었던 시절

스무 살 때, 나는 이렇게 외쳤어.

"그저 존재하는 삶을 살고 싶지 않아, 펄펄 살아 움직이는 내가 되고 싶어."

그런데 그날 이후로 10년간 펄떡이는 삶 대신 죽음의 세월을 살았어.

"죽음과 어깨동무하며 다니는 나날들."

그땐 왜 그렇게 눈물 나고 아프고 서럽고 고통스러운 날들이 많았을까. 내 나이 앞에 숫자 '2'가 붙었던 날들은.

소설가 이외수의 말처럼, 교육대학이라는 곳은 내 영혼의 유배지였어.

그곳에서 난 '영혼의 죽음'을 경험했었거든.

슬픔

외로움

비참함

눈물

악

고통

좌절

절망

전혀 살고 싶지 않음

자살충동

살아 있는 것의 한스러움

잔인한 운명은 이런 것들을 잔에 가득 담아

20대의 내게 권했지.

나는 마셨어.

한 방울도 남김없이

살아 있는 존재라면,

어둠의 의미 또한 남김없이 맛보아야 한다고 생각했기에.

그리고 나는 죽었어.

내 존재가 머리 끝에서 발바닥 밑까지

흔적도 없이 지워졌거든.

그것도 세 차례나.

"가장 무거운 짐을 실은 배가 가장 큰 배인 거야."

내 나이 앞에 숫자 '2'가 붙었던 시절에

나는 이 말을 기도처럼 외우고 다녔어.
그렇게 나는 다시 태어나고 있었어.
내가 꿈꾸던 나 자신으로.

Closing |
비온 뒤 하늘이 더 맑다

 마지막 페이지를 쓰고 있는 동안 밖에서는 미친 듯이 비가 왔어. 마침내 마지막 페이지를 쓰고 일어나니 어느새 비는 그쳐 있었고, 거울에 비친 내 얼굴엔 굵은 수염이 가득했어.
 까칠해진 턱을 쓰다듬으며, 나는 다시 컴퓨터 앞에 앉아 이 글을 쓰고 있어.
 밖에서는 별들이 온갖 아름다운 빛들을 쏟아내고 있어.
 지난 유월 어느 날, 그토록 아름답게 땅 속으로 들어갔던 장미 꽃잎들, 잘들 있을까?

내가 자주 찾는 숲속의 거미줄에는 별자리들이 걸려 있을까?

내가 스무 살 무렵에 보았던 그 별자리들이?

고개를 들고 하늘을 보니 달이 그림처럼 걸려 있어.

강물 위로 비치는 달빛을 보면서 하염없이 걷고 싶은 밤이야.

스무 살의 어느 날처럼 한밤의 여행을 떠나고 싶은 밤이야.

어쩌면 넌 지금 강물 위에 비친 황금빛 별을 보면서 어느 강가를 걷고 있는 것은 아닐까.

그럼 넌 나를 만나게 될 거야.

마지막 페이지를 쓰기 전 나는 한 도시에 다녀왔어.

내게 이루 말할 수 없는 고통과 슬픔과 절망을 안겨 줬던 바로 그 도시에서 난 하룻밤을 보냈어.

그리고 다음 날 아침 스무 살의 그 자리, 태어나서 처음으로 술을 사서 마시고는 작가의 길을 가겠다고 맹세했던 그곳에서 그때처럼 앉아서 하늘을 바라보았어.

그렇게 하지 않고서는 마지막 페이지를 절대로 쓸 수 없을 것 같아서였어.

감사하게도 내 20대 이야기는 해피엔딩이야.

네 20대 이야기도 해피엔딩이기를……

Thanks to |

하나님 아버지, 언제나 감사합니다. 저로 하여금 그토록 고통스런 20대를 보내게 하신 이유를 이 책을 쓰면서 깨달았어요.

부족한 아들을 위해 언제나 큰 사랑으로 기도해주시는 두 분 부모님께 큰 감사를 드립니다.

휘성, 이 책 쓰는 동안 네 노래 참 많이 들었다. 가끔씩 콘서트 초대해주고, 뜨거운 응원메시지 보내주는 것 항상 고맙게 생각하고 있다.

소녀시대 서현, 우리 결혼했어요, 너무 고마웠어요. TV 보면서 그렇게 놀라고 또 감사했던 적은 내 평생 처음이었어요.

아시아 최고 마술사이신 함현진 마술사님, 팬까페 특강 때마다 공연 기부해주시고 언제나 즐거운 웃음 주셔서 감사해요.

전 세계로 연주여행을 다니는 세계적인 뮤지션 주보라, 네 가야금 앨범 책 쓰는 데 많은 도움이 되었다. 고맙다.

지수화풍 수석 디자이너이자 나의 헤어디자이너 김필선, 네가 머리 만져 준 덕분에 좋은 사진 찍을 수 있었어. 고맙다.

이 책 쓰다가 큰 감기 걸렸을 때 뜸침으로 치료해주신 김민자 님, 덕분에 건강이 무척 좋아졌어요. 감사드립니다.

박신영 MBC 기상캐스터, 팬까페 특강 사회 최고였어. 너무 멋졌고 또 고마웠어.

최지인 MBN 아나운서, 부티크 모나코 특강 사회 정말 격이 달랐어요. 고마워요.

팬까페 회장 정회일, 늘 고맙다. 너 아니면 내가 무슨 일을 하겠니. 팬까페 부회장 황희철, 너도 마찬가지, 항상 고마워하고 있다. 김성일, 유근용은 회일이를 열심히 보좌해줘서 대견하다. 그리고 진하정, 한민정, 최인영, 방지연을 비롯한 여러 팬까페 운영진들, 여러분들의 응원 덕에 이 책을 쓸 수 있었습니다. 고마워요.

역삼동에서 영어공부 및 자기계발 까페 이투피플을 운영하고 있는 진호야, 인터뷰 및 책 사진 촬영 때마다 장소 제공해줘서 고맙다.

원고를 받자마자 전쟁모드로 돌입, 밤잠 줄여가며 지구에서 가장 멋진 책을 만들어준 리더스북 한성수 팀장과 조서연 에디터, 그리고 가장 추운 겨울날 몸을 사리지 않고 야외촬영에 임해준 STUDIO_BOX 박동균 님, 이렇게 멋진 책을 디자인해준 디자인 코끼리 이은주 실장님께 정말 고생 많았다는 말을 전합니다. 감사합니다.

마지막으로 언제나 내 책을 읽어주는 독자님들께 감사의 큰절 올립니다. 여러분들의 성원이 이 책을 쓸 수 있는 가장 큰 힘이었어요. 여러분 모두 사랑합니다.